Gesa Louise Füßle
Bettina Malek

Tous ensemble

Das Trainingsbuch

3

Klett Lerntraining

Zu diesem Trainingsbuch gehört eine Audio-CD. Mit ihrer Hilfe lernst du, Französisch besser zu verstehen. Die Texte sind im Buch mit dem Symbol gekennzeichnet. Wenn du die Lückentexte schreibst, benutze die Pausentaste, um Zeit zum Schreiben zu haben.

Sprecher: Laurent Dumoulin, Nathalie Karanfilovic, Louise Liebenwein, Vincent Liebenwein, Maud Lingscheid, Jonas Tingaud
Produktion: Ton in Ton Medienhaus, Stuttgart
Presswerk: OSSWALD GmbH & Co., Leinfelden-Echterdingen

Bibliografische Information der Deutschen Nationalbibliothek
Die Deutsche Nationalbibliothek verzeichnet diese Publikation in der Deutschen Nationalbibliografie; detaillierte bibliografische Daten sind im Internet über http://dnb.dnb.de abrufbar.

4. Auflage 2016

www.klett-lerntraining.de
Projektleitung: Christine Sämann
Redaktion: Dr. Nathalie Karanfilovic
Illustrationen: Helga Merkle, Albershausen: S. 7, 11, 12, 23, 24, 39, 41, 42, 44, 59, 98; Myrtia Wefelmeier, Berlin: 9, 22, 69, 73; Gilles Bonotaux, Paris: 13, 34, 36, 37, 40, 56, 60, 100, 109; Francois Davot, Troyes: 14; Andreas Florian, Lübeck: 18; Matthias Balonier, Lützelbach: 28; shutterstock (Oceania), New York, NY: 49; Jo Blake, Agent: Andrew Viner, London – England: 52; Iris Blanck, Hamburg: 53; David Norman, Meerbusch: S. 62; Thomas Binder, Magdeburg: S. 62; Vera Brüggemann, Bielefeld: 63, 72; Pawel Miedzinski, Kozieglowy-Polen: 63; Steffen Jähde, Berlin: 93; Klett-Archiv, Stuttgart: 20, 82, 86, 101, 115; Daniel Fernández, Ulm: S. 108
Bildnachweis: Corbis (Sygma/Annebique): U1; Marco Polo Agentur (Naudin), Paris: 15; Ingram Publishing, Tattenhall – Chester: 45, Patrick Dembski: 50, U1; iStockphoto (ijsendoorn) Calgary – Alberta: 61; iStockphoto (RussellCreative) Calgary – Alberta: 62; Corbis (Lisle), Düsseldorf: 87; ZEFA Düsseldorf: U1

Satz: Arnold & Domnick, Leipzig
Reproduktion: Meyle + Müller GmbH + Co. KG, Pforzheim
Umschlaggestaltung: Koma Amok, Stuttgart
Druck: Gebr. Geiselberger GmbH, Altötting
Printed in Germany

ISBN 978-3-12-929991-3

9 783129 299913

INHALTSVERZEICHNIS

INHALTSVERZEICHNIS

INHALTSVERZEICHNIS

LEÇON 1

Die Relativpronomen *qui, que, où*

Die Relativpronomen ersetzen einen Satzteil. Mit ihrer Hilfe kann man zwei Sätze zusammenfügen, ohne alle Angaben wiederholen zu müssen.

Qui ersetzt das Subjekt des Relativsatzes (Frage: wer oder was?):
Voilà les élèves. Les élèves vont à l'école.
→ Voilà les élèves **qui** vont à l'école. … die Schüler, die …
Madeleine est une fille. Elle aime le sport.
→ Madeleine est une fille **qui** aime le sport. … ein Mädchen, das …

Que ersetzt das **Objekt des Relativsatzes** (Frage: wen oder was?):
Je mange du chocolat. J'aime **ce chocolat**.
→ Je mange le chocolat **que** j'aime. … die …
C'est un film d'action. Il **le** regarde.
→ C'est un film d'action **qu'**il regarde. … den …

Où ersetzt die **Ortsbestimmung** (Frage: wo?):
Les touristes vont à Paris. Elle habite **à Paris**.
→ Les touristes vont à Paris **où** elle habite. …, wo sie …
Nous dansons dans la salle. **Dans la salle**, il y a beaucoup de place.
→ Nous dansons dans la salle **où** il y a beaucoup de place. …, in dem es …

1 Wähle das richtige Relativpronomen aus.

qui **que** **qu'** **où**

1. Tu connais le chanteur qui ✓ chante?
2. J'adore le gâteau que ✓ tu as préparé.
3. Tu aimes la chanson qu' ✓ il joue?
4. Voilà la rue où ✓ j'habite.

TIPP Pass auf! Jedes Relativpronomen wird in der Übung nur einmal verwendet.

2 Ergänze die Sätze mit dem passenden Relativpronomen *qui, que, où.*

1. Je lis un livre qui ✓ est très intéressant. C'est le livre que ✓ Sophie aime aussi.
2. C'est la maison où ✓ nous habitons. C'est une maison qui ✓ est très grande.
3. C'est un garçon qui ✓ est sympa. C'est le garçon que ✓ j'aime.
4. Christelle est une guitariste qui ✓ joue vraiment très bien.

TIPP Vergiss nicht! Vor Vokal oder stummen *h* wird *que* zu *qu'*

3 Ergänze die Sätze. Verwende *qui, que, où.*

1. Nous regardons un film. Le film est intéressant.
   Nous regardons un film qui est intéressant. ✓
2. Il a un frère. Son frère est encore très jeune.
   Il a un frère qui est encore très jeune. ✓
3. Elle habite à Toulouse. Elle va au collège à Toulouse.
   Elle va au collège à Toulouse où elle habite. ✓
4. Pierre parle à Louise. Louise est sympa.
   Pierre parle à Louise qui est sympa. ✓

TIPP Vor *qui, que, où* steht kein Komma.

Die unverbundenen Personalpronomen *moi, toi, lui, elle …*

Die unverbundenen Personalpronomen werden verwendet, um eine Person besonders hervorzuheben, z. B. in Verbindung mit *c'est*, allein stehend oder zur besonderen Betonung des Subjekts. Zusätzlich stehen die unverbundenen Personalpronomen nach einer Präposition.

In Verbindung mit *c'est:*
- C'est **lui**, ton copain?
- Oui, c'est **lui**.

Allein stehend in Sätzen ohne Verb:
- Tu peux fermer la fenêtre, s'il te plaît?
- **Moi**? Bien sûr!

Zur Hervorhebung des Subjekts:
- **Moi**, je regarde la télé. Et **toi**, qu'est-ce que tu fais?

Nach einer Präposition:
- Tu viens avec **moi**?
- Non, je viens avec **eux**. Et Luc, il est avec **toi**?

4 Ergänze die Sätze mit dem richtigen unverbundenen Personalpronomen *moi, toi, lui* oder *elle.*

– Bonjour Lisa, ça va?

– ___________, oui, ça va, et ___________?

– Bien, merci. ___________, tu connais Pierre, n'est-ce pas?

– Oui, ___________, il est sympa. Marie, ___________, elle l'aime beaucoup.

5 Welches Personalpronomen stimmt? Unterstreiche die richtige Variante.

1. Que font Sébastien et Estelle? – Elles / Eux, ils jouent de la musique.
2. Johnny est le nouveau guitariste. Dany, eux / lui, il ne l'aime pas.
3. Estelle et Jennifer sont ici. Je suis venu avec elles / moi.

Die Verben auf *-ir* mit Stammerweiterung

Bei einigen Verben auf *-ir* wird der Stamm im Präsens Plural erweitert. Das bedeutet, dass zwischen den Stamm und die Endung *-ss-* tritt. Die Erweiterung gilt auch für den Imperativ!

réfléchir

je **réfléchi-s** (↓ Stamm ↓ Endung)

nous **réfléchiss-ons** (↓ Stamm ↓ Endung)

présent	impératif	passé composé
je réfléchi**s**	Réfléchi**s**!	j'ai réfléchi
tu réfléchi**s**	Réfléchi**ssons**!	
il / elle / on réfléchi**t**	Réfléchi**ssez**!	
nous réfléchi**ssons**		
vous réfléchi**ssez**		
ils / elles réfléchi**ssent**		

6 Setze die folgenden Verben mit Stammerweiterung in die Lücken ein.

1. Les filles ____________________ du rock pour leur fête. **choisir**
2. Quand le concert ______________, les gens ____________________. **finir** **applaudir**
3. Comment allons-nous faire? ____________________! **réfléchir**
4. Estelle ______________ une nouvelle robe. **choisir**

7 *Il* oder *ils*? Setze das richtige Personalpronomen ein.

1. ________ choisissent un nouveau guitariste.
2. ________ réfléchit.
3. ________ finissent trop tôt aujourd'hui.

tout als Begleiter des Nomens

Der Begleiter *tout* wird an das Nomen angepasst, mit dem er steht. *Tout* bedeutet *ganz* oder *alle*.

tout le livre	das ganze Buch
toute la France	ganz Frankreich
tous les garçons	alle Jungen
toutes les filles	alle Mädchen

Achtung! Der feststehende Begriff *tout le monde* bedeutet *alle*. Wörtlich übersetzt heißt er *die ganze Welt*.

8 Welche Form von *tout* ist richtig? Verbinde den Begleiter mit dem richtigen Nomen.

toute	les vacances
tous	la famille
tout	les week-ends
toutes	le voyage

TIPP Wenn du unsicher bist, schau dir den Artikel der Nomen an.

9 Ergänze die richtige Form von *tout* mit dem korrekten Artikel.

1. ____________ ______ groupe
2. ____________ ______ famille
3. ____________ ______ touristes
4. ____________ ______ batterie
5. ____________ ______ chanteuses
6. ____________ ______ amis
7. ____________ ______ voiture
8. ____________ ______ amies
9. ____________ ______ maisons
10. ____________ ______ musique

Musik

10 Um dich über Musik unterhalten zu können, sind diese Begriffe hilfreich. Kannst du sie übersetzen?

Französisch	Deutsch
	Musikinstrument
chanteuse (f.)	
	Schlagzeug
applaudir	
clavier (m.)	
	Stück
guitariste (m.)	
	Konzert
	Gitarre
chanson (f.)	

Gegensätze

11 Verbinde die passenden Gegenteile. Wenn du die Wörter richtig verbunden hast, kommt ein Lösungswort heraus.

1.	seul	t.	avoir raison
2.	finir	r.	premier
3.	avec lui	e.	ouvert
4.	avoir tort	u.	commencer
5.	une solution	g.	tous ensemble
6.	dernier	i.	sans lui
7.	fermé	a.	un problème

Das Lösungswort lautet:

___ 1. ___ 2. ___ 3. ___ 4. ___ 5. ___ 6. ___ 7.

Zustimmen / ablehnen

12 Übe Ausdrucksweisen, um deine Meinung zu sagen. Vervollständige dazu die Äußerungen.

qu'est-ce que tu penses de – bien réfléchi et – pas d'accord avec toi – je trouve qu' – Je crois que – A mon avis – trouver une solution

– Anne, ______________________________ Johnny, le nouveau guitariste?

– Moi, ______________________________ il joue très bien.

– ______________________________, c'est un frimeur.

– ____________________ tu exagères! Je ne suis ____________________.

– Nous devons ____. J'ai

______________________________ je trouve aussi qu'il joue très bien.

13 Übersetze die Verben und finde das Lösungswort.

1. hoffen ___ ___ ___ ___ ___ ___ ___
2. nachdenken ___ ___ ___ ___ ___ ___ ___ ___ ___
3. applaudieren ___ ___ ___ ___ ___ ___ ___ ___ ___
4. übertreiben ___ ___ ___ ___ ___ ___ ___ ___
5. wiederholen ___ ___ ___ ___ ___ ___ ___
6. beenden ___ ___ ___ ___ ___
7. singen ___ ___ ___ ___ ___ ___ ___
8. wählen ___ ___ ___ ___ ___ ___ ___
9. spielen (Instrument) ___ ___ ___ ___ ___
10. aufbauen ___ ___ ___ ___ ___ ___ ___ ___ ___

Lösung: ___ ___ ___ ___ ___ ___ ___ ___ ___ ___
1. 2. 3. 4. 5. 6. 7. 8. 9. 10.

Hören und verstehen 1

14 Höre genau hin. Die folgenden Aussagen zu Lektion 1 sind teilweise richtig und teilweise falsch. Kreuze an.

1.	☐ richtig	☐ falsch	5.	☐ richtig	☐ falsch
2.	☐ richtig	☐ falsch	6.	☐ richtig	☐ falsch
3.	☐ richtig	☐ falsch	7.	☐ richtig	☐ falsch
4.	☐ richtig	☐ falsch	8.	☐ richtig	☐ falsch

Hören und nachsprechen 2

15 Höre dir die folgenden Sätze an und sprich sie nach. In den Lösungen kannst du den Text nachlesen.

Hören und schreiben 3

16 Du hörst den vollständigen Text, aber du hast nur eine unvollständige Mitschrift. Vervollständige sie.

Aujourd'hui, c'est le ____________ jour de l'été. En France, c'est le jour de la ________________________. On voit des ____________ partout dans les rues. Christelle va jouer avec son groupe aujourd'hui, mais elle est ____________ et les autres attendent déjà. Elle arrive cinq ____________ avant le concert. Elle joue ________________ et Luc chante. Le ____________ joue ____________. C'est le premier ____________ du groupe. Quelle ____________ ! Les gens dansent et ____________ !

Das Wesentliche verstehen

17 Du möchtest gern in einer Band spielen und findest folgende Anzeige in der Schule. Lies den Text und kreuze anschließend jeweils die richtige Antwort an.

Salut tout le monde!

Nous sommes un groupe de quatre amis et nous sommes les *Autobus*! Nous jouons du rock. Notre amie qui joue du clavier avec nous est partie vendredi dernier. Alors, nous cherchons un musicien ou une musicienne qui adore le rock et qui est prêt à continuer cette aventure avec nous. Tu joues du clavier et tu aimes chanter et faire de la musique? Tu as entre 13 et 16 ans et tu n'as pas peur de répéter tous les samedis et les dimanches? Les répétitions commencent à 17 heures et finissent à 21 heures.
Si tu es la personne que nous cherchons, réponds-moi vite!
Je suis le chanteur du groupe.
Notre prochain concert est vendredi 17 février.

A bientôt!
Rick

1. Le groupe cherche une personne qui joue …
   - ☐ du clavier.
   - ☐ de la guitare.
   - ☐ de la batterie.

2. *Autobus* joue de la musique …
   - ☐ jazz.
   - ☐ rock.
   - ☐ pop.

3. Le groupe répète …
   - ☐ le vendredi.
   - ☐ le lundi.
   - ☐ le samedi et le dimanche.

4. Qui a écrit ce message?
   - ☐ la guitariste du groupe
   - ☐ le chanteur
   - ☐ un prof

Informationen heraussuchen

18 Lies den Text durch und kreuze jeweils die richtige Antwort an.

Le 21 juin est le premier jour de l'été, mais c'est aussi en France le jour de la Fête de la Musique. Depuis 1982, année de la première fête de la Musique, le premier jour de l'été est synonyme de fête et de musique. Le 21 juin, on peut écouter et faire de la musique partout: dans la rue, dans les cafés, mais aussi dans des salles de concert. On peut voir des chanteurs connus, mais aussi beaucoup de groupes de jeunes dans la rue qui jouent parfois pour la première fois devant un public. La Fête de la Musique est une fête pour les musiciens, pour les personnes qui aiment la musique, mais aussi pour les familles qui aiment l'ambiance sympa de cette fête. Pendant la Fête de la Musique, tout le monde danse, s'amuse et applaudit le premier jour de l'été.

	richtig	falsch
1. Sommeranfang ist am 1. Juli.	☐	☐
2. Die Fête de la Musique findet nur in Paris statt.	☐	☐
3. Es gibt die Fête de la Musique seit 1982.	☐	☐
4. Außer Musikern treten auch Schauspieler auf.	☐	☐
5. Es spielen nur professionelle Musiker.	☐	☐
6. Selbst Familien kommen zur Fête de la Musique.	☐	☐

LEÇON 2

Die reflexiven Verben

Reflexive Verben sind Verben, die immer von einem Pronomen begleitet werden:
Diese Pronomen *(me, te, se, nous, vous, se)* heißen **Reflexivpronomen.**

se reposer	**sich ausruhen**
je **me** repose	ich ruhe **mich** aus
tu **te** reposes	du ruhst **dich** aus
il **se** repose	er ruht **sich** aus
nous **nous** reposons	wir ruhen **uns** aus
vous **vous** reposez	ihr ruht **euch** aus
ils **se** reposent	sie ruhen **sich** aus

Vor Vokal oder stummem *h* werden *me, te, se* zu *m', t', s'* verkürzt:
je m'amuse, tu t'amuse, il s'amuse …

Bei der Verneinung umschließt ***ne … pas*** das Reflexivpronomen **und** das Verb.
Je ***ne*** *me repose* **pas.**

1 Ergänze die Übersicht mit den passenden Präsensformen.

s'organiser	je	m' ____________	____________________
se retrouver	tu	____________	____________________
se passer	il	____________	____________________
s'habiller	nous	____________	____________________
se servir	vous	____________	____________________
s'amuser	ils	____________	____________________

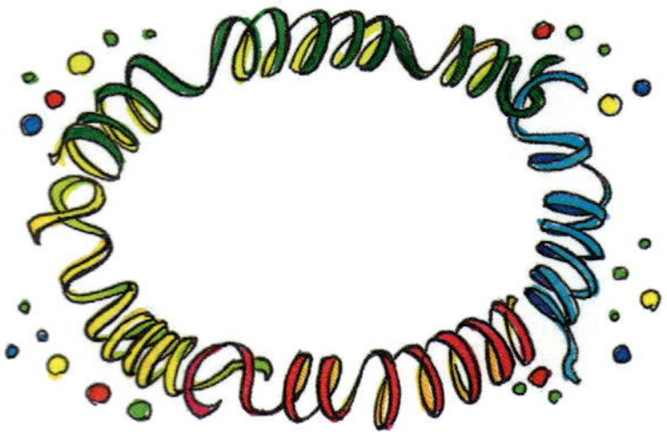

2 Lies den Text und ergänze die Sätze mit den richtigen Formen.

1. Le matin, je ______________________ *(se réveiller)* à 6 h 45.
2. Ma sœur ______________________ *(se lever)* à 6 h 30.
3. Elle ______________________ *(se doucher)* dans la salle de bains.
4. Et tous les matins, je crie: Tu ______________________ *(se dépêcher)*?
5. Enfin, vers 7 h nous ______________________ *(se mettre)* à table pour prendre le petit-déjeuner.
6. Et vous? Vous ______________________ *(se préparer)* comme nous?

TIPP Achte auf die unterschiedliche Stellung im Deutschen und Französischen:
*Je **me** repose.*
Ich ruhe **mich** aus.

3 Verneine die folgenden Sätze.

1. Je me lève avant 8 heures.

____.

2. Elle s'habille dans sa chambre.

____.

3. Tu te douches après le petit-déjeuner?

____.

4. Nous nous couchons après le film.

____.

Das Verb *boire*

boire	**trinken**
je bois	ich trinke
tu bois	du trinkst
il/elle/on boit	er/sie/es trinkt
nous buvons	wir trinken
vous buvez	ihr trinkt
ils/elles boivent	sie trinken
Imperativ: Bois.	Trink.
Buvons.	Lass uns trinken.
Buvez.	Trinkt.
Passé composé: j'ai bu	

4 Vervollständige das Gitter mit den Formen von *boire*.

							o									
	'					■									z	
		s								■		n				

5 Setze aus dem Buchstabensalat jeweils die richtigen Verbformen von *boire* zusammen.

ej isbo ______________________

no tobi ______________________

slele tiobnev ______________________

vsBnou ______________________

Der Infinitivsatz mit *pour*

Mit der Wendung ***pour* + Infinitiv** kannst du eine Absicht (um … zu) ausdrücken.
On se retrouve **pour réviser** les leçons.
→ Wir treffen uns, **um** die Lektionen **zu wiederholen**.

Was fällt dir auf?
Im Französischen steht ***pour* + Infinitiv** immer **vor** der Ergänzung. Im Deutschen steht der Infinitiv mit „zu" **nach** der Ergänzung.

6 Verbinde die beiden Sätze mit *pour*.

1. Nous nous retrouvons à 17 heures chez moi. Nous organisons la fête.

____

2. D'abord, je vais au supermarché. J'achète la bouffe.

____

3. Manon et Sébastien vont à Berlin. Ils apprennent l'allemand.

____

4. Carla fait des exercices. Elle prépare l'interro de demain.

____

7 Übersetze die Sätze ins Französische. Verwende *pour* + Infinitiv.

1. Ich ruhe mich aus, um morgen zeitig aufzustehen.

____

2. Meine Mutter macht Platz im Kühlschrank, um die Butter aufzuräumen.

____

venir de faire qc – être en train de faire qc

Du kennst bereits die Wendung ***aller faire qc*** *(futur composé)*. Mit der Wendung drückt man aus, dass etwas in naher Zukunft geschieht.
Mit der Wendung ***être en train de faire qc*** drückt man aus, dass man gerade dabei ist, etwas zu tun.

Il **est en train de** tomber.	Er ist gerade dabei zu fallen.

Mit der Wendung ***venir de faire qc*** drückt man aus, dass man gerade etwas getan hat.

Il **vient de** tomber.	Er ist gerade gefallen.

8 Schau dir die Bilder an und kreuze die passende Aussage an.

☐ Il est en train de tomber.
☐ Il vient de tomber.

☐ Je viens de manger.
☐ Je suis en train de manger.

☐ Elles viennent de manger.
☐ Elles sont en train de manger.

☐ Elle est en train de préparer un gâteau.
☐ Elle vient de préparer un gâteau.

Die reflexiven Verben *(passé composé)*

Das *passé composé* der reflexiven Verben wird immer mit *être* und dem *participe passé* gebildet. Das Angleichen des *participe passé* richtet sich in Geschlecht und Zahl nach dem Subjekt:

se lever
je me suis lev**é(e)**
tu t'es lev**é(e)**
il/elle s'est lev**é(e)**
on s'est lev**é(e)s**
nous nous sommes lev**é(e)s**
vous vous êtes lev**é(e)s**
ils/elles se sont lev**é(e)s**

Pierre s'est lev**é**
Julie s'est lev**ée**
Luc et Théo se sont lev**és**
Marie et Léa se sont lev**ées**

9 Ergänze die fehlenden Endungen.

1. Mes parents se sont promen__________ dans la forêt.
2. Mes frères se sont disput__________ toute la journée.
3. Ma copine s'est occup__________ de sa petite sœur.
4. Mon copain s'est bless__________ avec son scooter. Quel anniversaire!

10 Julie erzählt von ihrem Tag. Ergänze die Sätze mit den richtigen Formen.

La journée ______________________ *(se bien passer)*.

Je ______________________ *(se lever)* très tôt. Ma mère ______________________ *(s'occuper)* de ma chambre et mon père ______________________ *(se dépêcher)* pour prendre le bus avec moi. Nadia et moi, nous ______________________ *(se retrouver)* devant la gare. On a cherché nos corres. A la maison, ma corres ______________________ *(se reposer)* …

Essen und Trinken

11 Du hast in Lektion 2 einige Wörter zum Thema „Essen“ kennen gelernt. Finde die Wörter und setze sie in das Rätsel ein.

Waagerecht
1. Essen/Mahlzeit
4. warm; heiß
6. Butter
8. Wein
10. *ein typisch französischer Nachtisch*

Senkrecht
2. zu Tisch/zum Essen kommen
3. sich bedienen
5. kalt
7. Aufschnitt
9. trinken
11. Büfett
12. Essen/Futtern *(ugs.)*

Tischgespräche

12 Du bist bei deiner Gastfamilie in Frankreich. Wie reagierst du in folgenden Situationen? Kreuze die richtigen Antworten an.

Situation 1: Deine Gastmutter fragt dich, ob dein Aufenthalt gut verlaufen ist.

- ☐ Oui, la semaine s'est bien passée.
- ☐ Oui, on va voir ça tout de suite.

Situation 2: Dein Austauschpartner möchte wissen, ob dir das Essen auf der Abschiedsparty geschmeckt hat.

- ☐ Oui, je me suis bien amusé à la fête d'adieu.
- ☒ Oui, j'ai bien aimé la bouffe à la fête d'adieu.

Situation 3: Dein Gastvater erkundigt sich, was ihr in Deutschland zum Abendbrot esst.

- ☒ On mange un repas froid avec du pain, du beurre et de la charcuterie.
- ☐ On se met à table vers 19 heures.

Situation 4: Dein Austauschpartner fragt, ob die Lehrer in Deutschland auch streng sind.

- ☐ C'est pareil. Il y a aussi des bulletins de notes.
- ☒ C'est pareil. Il y a aussi des profs sévères.

Schule

13 Entwirre den Buchstabensalat. Schreibe das französische Wort auf und dann die deutsche Übersetzung dahinter. Der erste Buchstabe ist jeweils richtig vorgegeben.

leéyc	un ______	______
srèevé	sévère	streng
blleu	une bulle	eine schlechte Note
pmorep	______	______
aoriv zoér	______	______
cperoi	______	______
aoriv csrou	avoir cours	______
blulntie de ntseo	un ______	______
	______	______

Gegensatzpaare

14 Finde die Wörter mit der gegensätzlichen Bedeutung und trage sie in die Lücken ein.

chaud	______
______	pareil
se lever	______
tard	______
______	le jour

Hören und verstehen 4

15 Hör genau hin. Die folgenden Aussagen zu Lektion 2 sind teilweise richtig und teilweise falsch. Kreuze an.

1.	☐ richtig	☐ falsch	5.	☐ richtig	☐ falsch
2.	☐ richtig	☐ falsch	6.	☐ richtig	☐ falsch
3.	☐ richtig	☐ falsch	7.	☐ richtig	☐ falsch
4.	☐ richtig	☐ falsch	8.	☐ richtig	☐ falsch

Hören und nachsprechen 5

16 Höre dir die folgenden Sätze an und sprich sie nach. In den Lösungen kannst du den Text nachlesen.

Hören und schreiben 6

17 Du hörst den vollständigen Text, aber du hast nur eine unvollständige Mitschrift. Vervollständige sie.

Salut Julie,

Cet après-midi, c'est la ____________________ au collège. Mais j'ai un petit problème. Je ne peux pas venir parce que j'ai une ______________________. J'ai ____________ hier pendant l'interro de maths et M. Laroche m'a mis une ____________, il est vraiment trop ______________ … J'ai ____________ sur ma voisine, pour la première fois! Alors, est-ce que tu peux ______________ de ma corres Sara et la ____________________ devant le collège à 16 heures? Elle doit s'amuser ____________________ … Tu m'appelles? A plus!

Das Wesentliche verstehen

18 Marie, Melanie und Sebastian haben folgende Anzeige ins Internet gestellt. Lies den Text und beantworte anschließend die Fragen auf Deutsch.

Bonjour à tous,

Nous sommes une classe dans un lycée à Cologne en Allemagne. Notre classe a 22 élèves et nous avons entre 14 et 15 ans.

Nous cherchons une classe française pour faire un échange scolaire au printemps prochain. Du 15 au 18 mars, nous n'avons pas cours parce que quelques profs préparent une grande fête d'adieu pour la principale.

Nous voulons aller à Paris ou à Grenoble. (C'est une surprise pour notre prof de français qui parle souvent de ses séjours à Paris et dans la région des Alpes.)

Et si vous le voulez, vous pouvez après faire un séjour en été chez nous en Allemagne.

Merci et à bientôt,
Marie, Melanie et Sebastian

1. Auf welche Schule gehen die Schüler?

____

2. Warum haben die Schüler eine Anzeige ins Internet gestellt?

____

3. Wieso möchten die Schüler vom 15. bis 18. März verreisen?

____

4. Warum möchten die Schüler nach Paris oder nach Grenoble fahren?

____

5. Was erfährst du über den Klassenlehrer?

____

Informationen heraussuchen

19 Die Lektion 2 spielt in Grenoble. Hier findest du einige Informationen über die Stadt.

Grenoble en chiffres

Grenoble: la ville se trouve dans le département de l'Isère, dans la région Rhône-Alpes.
C'est au sud-est de Lyon, près des Alpes.
Grenoble est à côté de la montagne. On peut faire du ski, mais on est aussi à 250 kilomètres de la mer.
Les habitants s'appellent les Grenoblois.
Habitants en 2008: 156 659
L'Isère est le fleuve qui traverse la ville.
Téléphérique: C'est l'un des plus vieux téléphériques au monde (construit en 1934).
Grenoble est sur la ligne du TGV en direction de Paris.
Entre Paris et Grenoble, il y a 484 km, c'est 3 heures en TGV.
Festival: Chaque année au printemps: Le Grenoble Jazz Festival

Entnimm Florians Notizen über Grenoble folgende Informationen:

1. Name der Region: ______________________
2. Bezeichnung der Einwohner: ______________________
3. Einwohnerzahl von Grenoble: ______________________
4. Fluss: ______________________
5. Baujahr der Seilbahn: ______________________
6. TGV-Reisedauer nach Paris: ______________________

Etape 1 (Lektion 1–2)

Du hast nun die ersten beiden Lektionen bearbeitet. Um dir noch einmal einen Überblick über den Lernstoff verschaffen zu können, kannst du nun die «Etape» oder Etappe bearbeiten. Du findest diese nach Lektion 2, nach Lektion 4 sowie nach Lektion 6.

Die «Etapes» sind immer in drei Teile gegliedert:
Es gibt einen Rückblick, einen Einblick und einen Ausblick.

Rückblick: Hier kannst du noch einmal die wichtigsten Grammatik- und Wortschatzthemen der vorangegangenen beiden Lektionen nacharbeiten.

Einblick: Hier werden sprachliche Erscheinungen besprochen, die bisher nicht im Zusammenhang geübt worden sind.

Ausblick: Hier wird noch einmal ein wichtiges Thema der vorangegangenen beiden Lektionen in schwierigeren Aufgaben geübt.

Mit den Aufgaben der Etappe kannst du auch feststellen, ob alle Themen richtig „sitzen". Solltest du bemerken, dass das ein oder andere Thema dir noch nicht richtig liegt, bearbeite noch einmal die Übungen dazu direkt in der Lektion.

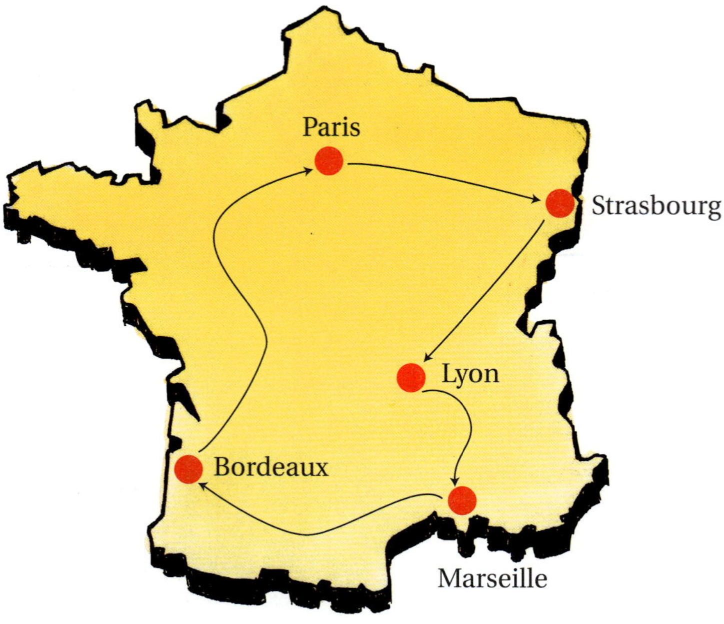

Verben

1 Hier sind einige Verben aus Lektion 1 und 2 aufgelistet. Vervollständige die Übersicht. Du kannst dir auch mit rot die Besonderheiten markieren.

Verb	présent	passé composé
finir	je ______ nous ______	j'______
espérer	j'______ nous ______	j'______
croire	je ______ nous ______	j'______
appeler	j'______ nous ______	j'______
se dépêcher	je ______ nous ______	je ______ ______
boire	je ______ nous ______	j'______
se lever	je ______ nous ______	je ______ ______

2 Welche weiteren Verben werden wie „finir" konjugiert?

______

______

Die reflexiven Verben

3 In Lektion 2 hast du die reflexiven Verben sowie die unverbundenen Personalpronomen kennen gelernt. Setze hier die Verben in der richtigen Präsens-Form ein und ergänze das unverbundene Personalpronomen *(moi, toi, lui, elle, nous, vous, eux* oder *elles)*. Es ist Laura, die erzählt.

1. ________, je ________________ *(s'organiser)* avec notre corres Maxime.
2. ________, Florence, tu ________________________ *(s'occuper)* de la chambre.
3. Et ________, André et Thibaut, vous ________________________ *(se dépêcher)* pour ne pas arriver en retard à la gare.
4. Et ________, nous ________________________ *(ne pas se reposer)*.
5. Maman et papa, ________, ils ________________________ *(se faire du souci)* pour rien.

4 Setze nun die Sätze aus Aufgabe 3 ins *passe composé.*

1. ____
2. ____
____
3. ____
____
4. ____
____
5. ____
____

Die Relativpronomen *qui, que, où*

5 Setze das richtige Relativpronomen *qui, que* oder *où* in die Sätze ein.

1. Je joue de la musique ______________ plaît à tout le monde ;-)
2. Jean met toujours de l'ambiance dans la salle ______________ nous faisons les répétitions.
3. C'est le morceau ______________ nous avons choisi.
4. C'est un instrument de musique ______________ elle aime beaucoup.

TIPP Kannst du dich noch an die Regel erinnern, wann du welches Relativpronomen verwenden musst?
qui – ist das Subjekt des Relativsatzes
que – ist das Objekt des Relativsatzes
où – verwendest du für eine Ortsbestimmung im Relativsatz

6 Verbinde die folgenden Sätze durch ein Relativpronomen.

1. Je vais chercher le corres. Le corres arrive aujourd'hui.

____

2. Nous allons en ville. Nous allons prendre un café en ville.

____

3. Nous mangeons un repas. Ma mère a préparé le repas.

____

Wortfelder

7 In Lektion 1 und 2 hast du Vokabeln zu den Themen „la musique" und „l'école" kennen gelernt. Ordne die unten stehenden Wörter dem richtigen Themenfeld in der Tabelle zu. Ergänze bei den Nomen den unbestimmten Artikel.

lycée – guitariste – jouer de la musique – bulle – pomper – batterie – clavier – bulletin de notes – chanteur – instrument – copier – avoir cours

la musique	l'école
guitariste	lycée
jouer de la musique	bulle
batterie	pomper
clavier	bulletin de notes
chanteur	copier
instrument	avoir cours

8 Finde zu folgenden vier Wörtern aus der Übersicht ein Wort der gleichen Wortfamilie.

1. un guitariste – le guitare
2. un chanteur – une chason
3. un lycée – ______
4. une répétition – ______

Redemittel

9 Was sagst du auf Französisch, wenn … ?
Verbinde die Sätze miteinander.

1. … etwas gut klappt?	a) Ça ne va pas, non?
2. … jemand wohl spinnt?	b) Pas de souci!
3. … du nicht weißt, ob …?	c) Bonne nuit!
4. … etwas wohl nicht wahr sein kann?	d) Ça suffit!
5. … etwas reicht?	e) Ça marche bien.
6. … ihr etwas gleich sehen werdet?	f) Je ne sais pas si …
7. … jemand sich keine Sorgen machen braucht?	g) Ce n'est pas possible.
8. … du jemandem gute Nacht sagst?	h) On va voir ça tout de suite.
9. … du dich entschuldigst, da du die Zeit vergessen hast?	i) Je m'excuse, j'ai oublié l'heure.

Kleine Wörter

10 Ergänze die Übersicht mit „kleinen Wörtern“ aus den Lektionen 1 und 2.

Französisch	Deutsch
même	
	seit
	fast/beinahe
	letzter/letzte/letztes
possible/possible	
	wenig/wenige
autour de …	
si	
	früh
d’autres	
	also

venir de faire qc, être en train de faire qc, aller faire qc

11 Übersetze die Sätze ins Französische. Verwende die richtige Wendung: *venir de faire qc, être en train de faire qc, aller faire qc.*

1. Ich bin gerade dabei, meine Hausaufgaben zu machen.

____

____

2. Meine Mutter hat gerade mit meiner Schwester gespielt.

____

____

3. In fünf Minuten werde ich in die Stadt gehen.

____

____

4. Gerade hat mein Opa angerufen.

____

____

5. Jetzt bereiten wir das Fest für die Austauschschüler vor.

____

____

TIPP
un peu avant → venir de faire qc
maintenant → être en train de faire qc
après → aller faire qc

Der Tagesablauf

12 Um seinen Austauschschüler Frank pünktlich am Bahnhof abzuholen, hat Thibaut seinen Tagesablauf festgehalten. Schreibe diesen im Präsens. Die Bilder und die vorgegeben Wörter sollen dir dabei helfen.

06:30

se réveiller – se lever – lit

____

____

____

____

se doucher – salle de bains – s'habiller

____

____

____

____

06:45

07:00

se mettre à table – se servir

____

____

____

____

après l'école – se dépêcher – gare – se retrouver avec le corres

le soir – manger – repas – toute la famille

pyjama – se coucher – Bonne nuit!

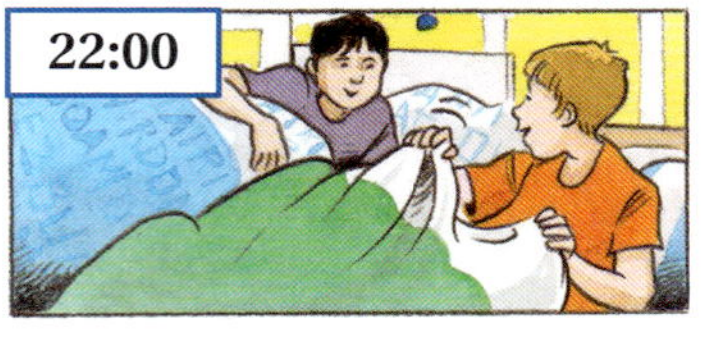

LEÇON 3

Die Bildung des *imparfait*

Für die Bildung des ***imparfait*** nimmst du den Stamm der 1. Person Plural Präsens und an diesen Stamm hängst du die Endungen ***-ais, -ais, -ait, -ions, -iez, -aient***.

habiter
nous **habit**-ons → j'habit**ais**
tu habit**ais**
il/elle/on habit**ait**
nous habit**ions**
vous habit**iez**
ils/elles habit**aient**

partir
nous **part**-ons → je part**ais**
tu part**ais**
il/elle/on part**ait**
nous part**ions**
vous part**iez**
ils/elles part**aient**

1 Trage die beiden Verformen ein.

Infinitiv	1. Person Pl. Präsens	1. Person Sg. Imparfait
vouloir	nous voulons	je voulais
discuter		
prendre		
avoir		
entendre		

2 Ergänze die Sätze mit den Verben im *imparfait*.

1. Vous ______________________ du piano? **jouer**
2. Tu ______________________ cette fille? **aimer**
3. Ils ______________________ beaucoup. **travailler**
4. Elle ______________________ la radio. **écouter**

3 Wie heißt der Infinitiv des Verbs? Finde das Verb und schreibe seinen Infinitiv auf.

1. Vous travailliez toujours. ____________________
2. Ils avaient trois fils. ____________________
3. Je prenais un café. ____________________
4. Nous jouions ensemble. ____________________
5. Elle lisait un livre. ____________________

Das *imparfait* von *être*

Die Regel für die Bildung des ***imparfait*** gilt für alle regelmäßigen Verben und für die meisten unregelmäßigen Verben. Eine Ausnahme ist jedoch das unregelmäßige Verb ***être:***
j'ét**ais**
tu ét**ais** il/elle/on ét**ait**
nous ét**ions**
vous ét**iez**
ils/elles ét**aient**

4 Füge die richtige Form von *être* im *imparfait* ein.

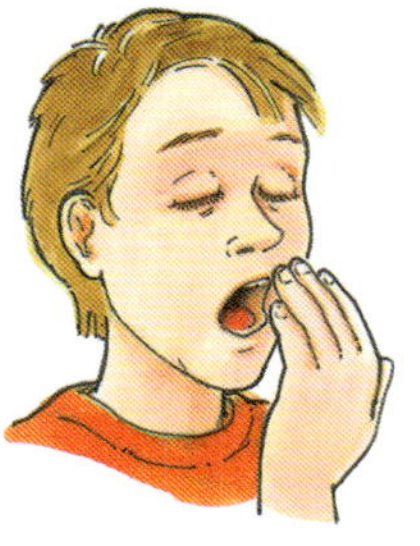

1. Il ____________________ très fatigué hier.
2. Tu ____________________ à l'école?
3. Nous ____________________ toujours ensemble.
4. Elles ____________________ sympas?
5. Je n' ____________________ pas là.
6. Vous ____________________ malades?

Besondere Schreibweise im *imparfait* von *commencer* und *manger*

Achte auf die besondere Schreibweise in der **1.** und **2. Person Plural *imparfait*** bei den Verben *commencer* und *manger*.

commencer	**manger**
nous commen**c**ions	nous man**g**ions
vous commen**c**iez	vous man**g**iez

5 Ergänze die *imparfait*-Endung von *manger* oder *commencer* im *imparfait*.

1. Nous mang________ beaucoup.
2. Je commen________ toujours très tôt.
3. Vous commen________ souvent sans lui?
4. Tu ne mang________ rien.

Der Gebrauch des *imparfait*

Das ***imparfait*** beschreibt einen andauernden Zustand in der Vergangenheit. Dies können gewohnheitsmäßige Handlungen sein, das Aussehen von Personen oder Situationsbeschreibungen.

Wörter wie ***toujours*** oder ***souvent*** zeigen an, dass fortdauernde Handlungen beschrieben werden, die den ***imparfait*** fordern.

6 *Passé composé* oder *imparfait*? Setze die richtige Form ein.

1. Hier, Léa ________________________ *(acheter)* un nouveau pull.
2. Quand j'________ *(être)* jeune, nous __________________ *(habiter)* à Caen.
3. Un jour, nous ____________________________________ *(rencontrer)* une star.

Wortfehler

7 Unterstreiche das falsch geschriebene Wort und notiere das richtige.

Marie rêvait d'être une star. Un jour, ____________________

elle s'est présentée aux casting. ____________________

Elle a du jouer de la guitare. ____________________

Après, elle est allé à une fête ____________________

chez des copain. ____________________

Elle a appellé sa frère. Il avait ____________________

le caffard. Marie lui a dit de venir ____________________

pour se changé les idées. ____________________

Gefühle

8 Übersetze die Gefühlsausdrücke.

Französisch	Deutsch
	Gefühl
être stressé	
	deprimiert sein
avoir le cafard	
craquer	
	sich wohlfühlen
être en forme	
	weinen
avoir la pêche	

Casting

9 Vervollständige die Sätze, sodass sie zu einer Castingsituation passen.

1. Avant le casting,
   - ☐ Marie avait peur.
   - ☐ Marie se sentait très bien.
2. C'était sa première audition:
   - ☐ Elle allait souvent à des castings.
   - ☐ Elle n'était pas sûre d'elle.
3. Elle rêvait chaque nuit
   - ☐ de devenir coiffeuse.
   - ☐ de devenir une star.
4. Après le casting, le jury lui a dit
   - ☐ qu'elle avait du talent.
   - ☐ qu'elle avait une annonce.

10 Finde mithilfe der Silben die französischen Wörter, die mit einem Casting zu tun haben können. Schreibe vor jedes Nomen den unbestimmten Artikel.

ac – an – â – ce – thé – dio – es – non – off – poir – re – stu – tre – tri – ce

1. ein Studio un ____________________
2. eine Schauspielerin ____________________
3. eine Hoffnung ____________________
4. eine Anzeige ____________________
5. ein Theater ____________________
6. ein Angebot ____________________

Hören und verstehen 7

11 Höre genau hin. Die folgenden Aussagen zu Lektion 1 sind teilweise richtig und teilweise falsch. Kreuze an.

1.	☐ richtig	☐ falsch	5.	☐ richtig	☐ falsch
2.	☐ richtig	☐ falsch	6.	☐ richtig	☐ falsch
3.	☐ richtig	☐ falsch	7.	☐ richtig	☐ falsch
4.	☐ richtig	☐ falsch	8.	☐ richtig	☐ falsch

Hören und nachsprechen 8

12 Höre dir die folgenden Sätze an und sprich sie nach. Bei den Lösungen kannst du den Text nachlesen.

Hören und schreiben 9

13 Du hörst den vollständigen Text, aber du hast nur eine unvollständige Mitschrift. Vervollständige sie.

Beaucoup de jeunes aujourd'hui ________________ de devenir une star. On trouve beaucoup d'____________________________ sur Internet. Mais leurs rêves peuvent _______________________ après le casting. Kévin, par exemple, n'a pas eu le ________________ de ses rêves et après sa première audition, il a eu ____________________________ pendant des semaines. Alors, il a commencé à faire ____________________________ dans une station de métro. Il ________________ du talent et il a eu un jour de la ____________________. Un directeur de casting l'a vu et maintenant, il travaille ____________________________ dans un grand théâtre.

Informationen heraussuchen

14 Anne ist für ein Casting nach Paris gefahren. Leider ist ihr Traum zerplatzt. Sie möchte jedoch nicht wieder nach Hause zurückkehren und schreibt ihrer Freundin eine Mail.

Salut Julie,

Ça va? Moi, ça fait trois semaines maintenant que je suis à Paris. Le casting a été une catastrophe!! Avant le casting, j'était sûre de moi et je me sentais super bien, mais quand l'audition a commencé, on m'a demandé de lire un texte de théâtre, puis de chanter … La cata, je sais jouer, mais je ne sais pas chanter!! Le jury n'a rien dit, ils n'ont pas réagi et ils m'ont appelé quelques jours plus tard pour me dire que je n'avais pas le rôle. Mon rêve s'est écroulé! J'ai craqué! J'ai pleuré pendant deux jours.

Maintenant, je me débrouille bien à Paris. Je ne veux pas retourner à Bayeux. Je travaille dans un restaurant, mais qui sait, peut-être qu'un jour, je vais travailler comme actrice. Jouer au théâtre reste encore mon rêve …

Bisous,

Anne

Beantworte folgende Fragen zum Text auf Deutsch.

1. Wie lange ist Anne schon in Paris? ______________________

2. Hatte Anne Erfolg beim Casting? ______________________

3. Warum hat sie die Rolle nicht bekommen? ______________________

4. Aus welcher Stadt kommt Anne ursprünglich? ______________________

5. Möchte sie dorthin zurückkehren? ______________________

6. Wo arbeitet Anne jetzt? ______________________

____

Das Wesentliche verstehen

15 Lies den Text durch und kreuze jeweils die richtige Antwort an.

En 2010, il y avait à Paris entre 2000 et 5000 SDF. Il est très difficile de dire combien de personnes n'ont pas de maison car ils ne vivent pas toujours dans la rue. Certains vivent dans des appartements, par exemple chez des amis, mais doivent changer tous les soirs d'endroit pour dormir. Il y a beaucoup plus d'hommes que de femmes qui sont SDF. Les hommes sont aussi plus âgés que les femmes. En 2010, 48 % des femmes SDF à Paris avaient entre 18 et 30 ans. Un quart des SDF travaillent, mais la plupart des SDF n'ont pas l'argent pour trouver un appartement. Une étude montre que souvent les SDF avaient déjà des problèmes à la maison et au collège quand ils étaient encore jeunes. Beaucoup de SDF ne mangent pas assez ou mangent mal. Ils boivent aussi trop. La vie d'un SDF est triste, et les gens ne les aident pas toujours. À Paris, certains SDF vendent un journal de rue qui s'appelle *Macadam*. Ils peuvent ainsi gagner un peu d'argent et vivre un peu mieux.

	richtig	falsch
1. Ein SDF ist ein Obdachloser.	☐	☐
2. 2010 gab es in Paris mehr obdachlose Männer als Frauen.	☐	☐
3. Die obdachlosen Frauen sind älter als die Männer.	☐	☐
4. Ein SDF arbeitet nie.	☐	☐
5. Oft hatten die Obdachlosen schon in ihrer Jugend Probleme.	☐	☐
6. Obdachlose essen zu viel.	☐	☐
7. Die Obdachlosenzeitung von Paris heißt *Macadam*.	☐	☐

LEÇON 4

Die Bildung des verneinten Imperativs

Die Bildung des **Imperativs** kennst du bereits. Er hat die gleiche Form wie die 2. Person Singular, die 1. Person Plural und die 2. Person Plural:

Attends.	Warte.
Attendons.	Lasst uns warten.
Attendez.	Wartet./Warten Sie.

Eine Ausnahme bildet *aller*, dessen Imperativ im Singular ***va, allons, allez*** lautet.

Wie du weißt, umschließt die Verneinung immer das Verb. So ist es auch beim verneinten Imperativ:

Ne travaille **pas**.	**N'**attends **pas**.
Ne travaillons **pas**.	**N'**attendons **pas**.
Ne travaillez **pas**.	**N'**attendez **pas**.

1 Schreibe die verneinte Form des Imperativs auf.

Entrez. N'entrez pas

Écoute. N'écoute pas

Viens. Ne viens pas

Travaillons. Ne travaillons pas

Discutez. Ne discutez pas

2 Bilde Sätze mit dem verneinten Imperativ aus den angegebenen Wörtern.

1. (vous) lire livre ______
2. (tu) écouter musique ______
3. (vous) partir déjà ______
4. (nous) attendre trop longtemps ______
5. (tu) mettre la table ______

Der Imperativ mit einem Pronomen

Steht der Imperativ mit einem Pronomen, so wird das Pronomen mit einem Bindestrich an den Imperativ angehängt.
Achtung! Statt ***me/te*** steht ***moi/toi***!

Téléphone-moi.	Écoute-**nous**.
Lève-**toi**.	Calmez-**vous**.
Mange-**le**.	Écrivons-**leur**.

3 Wandle die Sätze in den Imperativ oder den Indikativ um.

1. Je me lève tôt demain?	– Oui, lève-toi tôt.
2. Je lui parle?	– Oui, ________________
3. ________________	– Oui, prépare-toi.
4. Je vous appelle?	– Oui, ________________

Der verneinte Imperativ mit einem Pronomen

Bei dem verneinten Imperativ mit einem Pronomen steht das Pronomen vor dem Verb. Die Verneinung umschließt das Pronomen und das Verb:

Ne **me** téléphone **pas**.	**Ne** **nous** écoute **pas**.
Ne **te** lève **pas**.	**Ne** **vous** calmez **pas**.
Ne **le** mange **pas**.	**Ne** **leur** écrivons **pas**.

4 Verneine den Imperativ.

Écoutez-nous. ________________

Achetons-le. ________________

Mangez-les. ________________

Adjektive auf *-if/-ive, -eux/-euse*

Adjektive, die in ihrer männlichen Form auf *-if* enden, haben folgende Endungen:
Le garçon est aggress**if**.
La fille est aggress**ive**.
Les garçons sont aggress**ifs**.
Les filles sont aggress**ives**.

Adjektive, die in ihrer männlichen Form auf *-eux* enden, haben folgende Endungen:
L'homme est furi**eux**.
La femme est furi**euse**.
Les hommes sont furi**eux**.
Les femmes sont furi**euses**.

5 Schreibe die Sätze in die weibliche Form um.

1. Il est très sportif. — Elle est très sportive.
2. Ils sont souvent aggressifs. — Elles ~~est~~ sont très aggressives.
3. Il est courageux. — Elle est courageuse.
4. Ils sont heureux. — Elles sont heureuses.

6 Setzte das Adjektiv in seiner richtigen Form ein.

1. Hier, mon frère était furieux. **furieux**
2. Marie était très malheureuse. **malheureux**
3. Léa l'a aidé. C'était courageuse. **courageux**
4. Mes sœurs sont courageuses. **courageux**
5. Anne et Luc sont pensifs. **pensif**
6. En cours, les filles sont plus actives. **actif**

Charakter

7 Suche senkrecht und waagerecht im Gitterrätsel Adjektive zum Thema Charakter. Übersetze anschließend die Wörter.

U	C	V	R	A	X	T	E	R	E
C	O	M	E	C	H	A	N	T	C
P	U	G	S	L	D	R	A	V	P
O	R	J	P	E	N	S	I	F	A
J	A	L	O	U	X	E	F	S	T
R	G	I	R	S	B	C	L	E	I
S	E	T	T	A	C	T	I	F	E
A	U	V	I	J	E	V	J	S	N
E	X	L	F	C	L	R	U	R	T

1. aktiv: actif
2. naiv: naïf
3. böse: ______
4. geduldig: ______
5. eifersüchtig: jaloux
6. mutig: courageux
7. sportlich: sportif
8. nachdenklich: pensif

TIPP Vergiss nicht, die Akzente zu setzen!

Satzpuzzle

8 Verbinde die Satzteile richtig und finde das Lösungswort.

1. J'ai trouvé un stage	n. ce n'est pas notre monde.
2. Ne me raconte pas	s. patiente et courageuse.
3. La publicité,	t. disputez pas.
4. Ne vous	m. dans une agence de publicité.
5. Je vais parler	e. ce stage est une chance pour toi!
6. Je me suis mariée	e. d'histoires.
7. Tu dois être	u. à ton âge.
8. Il va comprendre que	e. à ton père.

Das Lösungswort lautet:

____ ____ ____ ____ ____ ____ ____ ____
1. 2. 3. 4. 5. 6. 7. 8.

Der Eindringling

9 Finde den Eindringling, der nicht in die Reihe passt, und streiche ihn durch.

a) la banlieue – la cité – le quartier – le métier

b) furieux – méchant – naïf – agressif

c) s'énerver – traîner – se disputer – discuter

d) actif – courageux – sportif – passif

Hören und verstehen 10

10 Höre genau hin. Die folgenden Aussagen zu Lektion 4 sind teilweise richtig und teilweise falsch. Kreuze an.

1.	☐	richtig	☐	falsch	5.	☐	richtig	☐	falsch
2.	☐	richtig	☐	falsch	6.	☐	richtig	☐	falsch
3.	☐	richtig	☐	falsch	7.	☐	richtig	☐	falsch
4.	☐	richtig	☐	falsch	8.	☐	richtig	☐	falsch

Hören und nachsprechen 11

11 Höre dir die folgenden Sätze an und sprich sie nach. In den Lösungen kannst du den Text nachlesen.

Hören und schreiben 12

12 Du hörst den vollständigen Text, aber du hast nur eine unvollständige Mitschrift. Vervollständige sie.

Salut, je m'appelle Anis. J'habite dans une cité ______________________ avec ma famille. J'ai une sœur, Fatia. Nos parents travaillent toute la journée, alors c'est moi qui ____ à la maison. Ma sœur _________________________ souvent! Elle porte toujours des T-shirts trop courts. Elle dit que je ne la comprends pas, que suis trop ____________________ et que je ____. Mais comment ne pas devenir ___________________________ quand elle fait ______________________________? On se dispute souvent. Elle dit qu'elle en a marre. Mais c'est elle qui me ______________________________________!

Informationen heraussuchen

13 Dieser Artikel berichtet von einer französischen Sängerin.
Lies den Text und beantworte die Fragen auf Deutsch.

NataLya, une fille comme les autres

C'est une femme assez petite, mais quand on la regarde, on voit tout de suite que c'est une femme fière. NataLya est née il y a 23 ans dans la banlieue de Paris. Ses parents sont russes et son vrai nom est Natalia. «J'aime mon nom», dit-elle, «alors je l'ai gardé comme nom de chanteuse.» NataLya est une jeune femme sportive et active:

«Je ne suis pas très patiente dans la vie. Alors quand je m'énerve, pour me calmer, je fais du sport.». Et quand NataLya chante, elle est heureuse et oublie tous ses problèmes: «Je suis une personne pensive et la musique m'aide à trouver mon chemin dans la vie. Je n'aime pas les gens méchants et les menteurs me rendent agressive aussi.» NataLya a commencé à chanter dans un groupe à l'âge de treize ans. Depuis, elle écrit les textes de ses chansons sur la vie en banlieue. Les jeunes adorent ces textes parce qu'ils sont vrais, comme elle. Et ça, les jeunes adorent!

1. Wie heißt NataLya wirklich? ______________________________

2. Woher kommen ihre Eltern? ______________________________

3. Seit wann singt sie? ______________________________

4. Welche Menschen mag sie nicht? ______________________________

5. Wo ist sie geboren? ______________________________

6. Wovon handeln ihre Liedtexte? ______________________________

7. Warum mögen die Jugendlichen ihre Texte? ______________________________

Das Wesentliche verstehen

14 Lies den Text durch und kreuze jeweils die richtige Antwort an.

Salut, je m'appelle Aïssa. J'ai quatorze ans. J'ai un frère et une sœur. Nous habitons dans une petite maison en banlieue. A l'école, tout va bien, mais chaque jour, j'ai les mêmes problèmes. Mon frère me dit: «Ne porte pas cette jupe, ne porte pas ce jean…» Ma mère me dit: «Réveille ta sœur, occupe-toi d'elle.» Mon père me dit: «Travaille bien.» Ma sœur me dit: «Laisse-moi tranquille. Ne me réveille pas.» Ma copine me dit: «N'écoute pas ton frère.» et mon prof me dit: «Fais attention à toi.» Alors, j'en ai ras le bol. C'est ma vie!! Mais un jour, j'en suis sûre, je vais enfin habiter seule et je vais porter les fringues que j'aime, des jupes longues, des jupes courtes … Ça m'est égal. Un jour, je vais devenir prof et là, je vais enfin pouvoir donner des ordres …

	richtig	falsch
1. Aïssa hat zwei Schwestern.	☐	☐
2. Sie findet, dass alle ihr Vorschriften machen.	☐	☐
3. Ihre Mutter möchte, dass sie sich um die Schwester kümmert.	☐	☐
4. Ihr Lehrer möchte, dass sie aufpasst.	☐	☐
5. Aïssa möchte bald eine eigene Familie haben.	☐	☐
6. Sie hat nichts dagegen, lange Röcke zu tragen. Sie möchte nur selber entscheiden, was sie anzieht.	☐	☐
7. Sie möchte auf keinen Fall Lehrerin werden.	☐	☐

Etape 2 (Lektion 3–4)

Verben

1 Du hast bis hierher verschiedene Zeitformen der Verben gelernt. Hier kannst du dir noch einmal eine Übersicht einiger Verben der Lektionen 3 und 4 in den Zeitformen zusammenstellen.

Zeitform	revenir
présent	je ______
passé composé	nous ______
imparfait	ils ______
Zeitform	**découvrir**
présent	je ______
passé composé	nous ______
imparfait	ils ______
Zeitform	**réagir**
présent	je ______
passé composé	nous ______
imparfait	ils ______
Zeitform	**se battre**
présent	je ______
passé composé	nous ______
imparfait	ils ______

Das *imparfait* der unregelmäßigen Verben und Besonderheiten

2 Setze die folgenden Sätze ins *imparfait*.

J'ai des devoirs.	→ ________________ ________________
Tu ne veux pas de rollers?	→ ________________ ________________
Il prend toujours un café.	→ ________________ ________________
Elle fait des crêpes.	→ ________________ ________________
On dit bonjour aux corres.	→ ________________ ________________
Nous commençons avec l'exercice 1.	→ ________________ ________________
Vous mangez du beurre?	→ ________________ ________________
Ils viennent de l'école.	→ ________________ ________________
Elles sont au CDI?	→ ________________ ________________

Imparfait und *passé composé*

3 Lorie träumt davon, eine große Schauspielerin zu werden. Setze die Verben richtig im *imparfait* oder *passé composé* in die Sätze ein.

Je ____________________ *(travailler)* comme actrice dans un petit théâtre à Paris. Tous les jours, j' ____________________ *(aller)* à des castings parce que je ____________________ *(rêver)* de devenir une grande actrice. Un jour, un copain du théâtre m' ____________________ *(appeler)* et m'____________________ *(dire)* de me présenter à un casting pour un «vrai» film. Alors, j'____________________ *(acheter)* des nouveaux vêtements, ensuite, je ____________________ *(aller)* chez le coiffeur et enfin, je ____________________ *(se présenter)* au casting. J'____________________ *(attendre)* du matin au soir devant mon téléphone. Et enfin, j'____________________ *(recevoir)* une réponse après deux semaines. Ça ____________________ *(marcher)*!

Der Imperativ

4 In Lektion 4 hast du verschiedene Formen des Imperativs kennen gelernt. Forme die Sätze zu Imperativen mit einem Pronomen um.

1. Tu peux mettre la table? → ____________________
2. Vous ne mangez pas la pizza! → ____________________
3. Vous écoutez le CD? → ____________________
4. Tu ne vas pas dans la cuisine. → ____________________
5. Tu écris une lettre à mamie et papi? → ____________________

5 Übersetze die folgenden Sätze.

1. Ruf mich bitte an.

____

2. Schreibe ihnen eine E-Mail.

____

3. Nein, kauf bitte nicht für morgen ein.

____

4. Warte nicht auf mich, ich komme später.

____

Adjektive

6 Hier kannst du noch einmal Adjektive üben. Ergänze die Übersicht mit den fehlenden Formen.

Gruppe der Adjektive	Adjektiv – Maskulinum	Adjektiv – Femininum
Adjektive auf *-e*	tranquille	______
Adjektive auf *-ive*	sportif	______
Adjektive auf *-euse*	sérieux	______
Adjektive auf *-ante*	méchant	______
Adjektive auf *-ente*	patient	______

7 Welche Adjektive fallen dir ein, die die gleichen Endungen haben wie die Adjektive in der Übersicht? Schreibe diese hier auf.

– Adjektive auf *-e*

______

______

– Adjektive auf *-euse*

______

______

– Adjektive auf *-ive*

______

______

Redemittel

8 Was sagst du auf Französisch, wenn …

1. … dir jemand auf die Nerven geht?

____

2. … du die Nase voll hast?

____

3. … es keinen Grund gibt, sich aufzuregen?

____

4. … du gut drauf bist?

____

5. … du schlecht drauf bist?

____

6. … du fragen möchtest, ob etwas passiert ist?

____

7. … dich jemand in Ruhe lassen soll?

____

Kleine Wörter

9 Ergänze die Übersicht mit „kleinen Wörtern“ aus den Lektionen 3 und 4.

Französisch	**Deutsch**
	vor *(zeitlich)*
	dann/danach
	ohne zu
seulement	
ne … toujours pas	
	nicht einmal
vers	
pendant que	
	manchmal
	eher

Wortschatz

10 Schau dir die Bilder an und erstelle ein Wortfeld zum Thema „Gefühle“ mit den Vokabeln aus der Lektion 3 und 4.

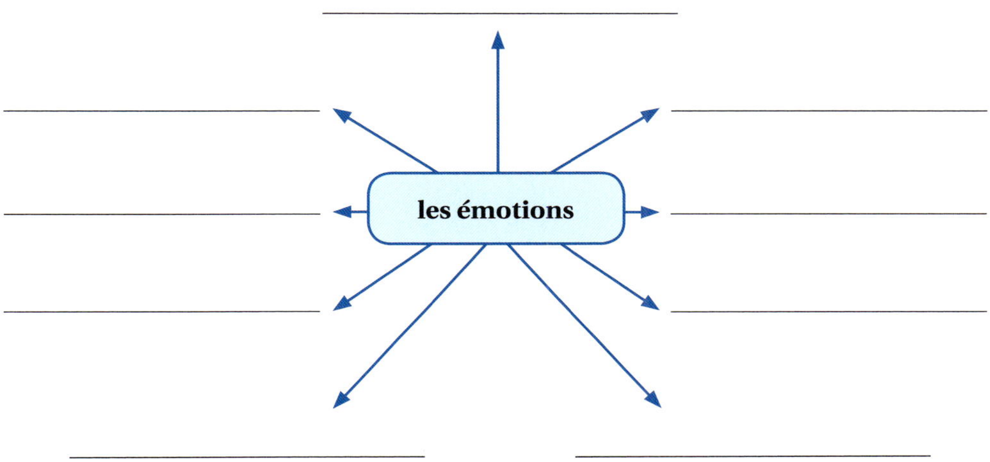

Casting

11 Du erzählst von deinem Traum, Theaterschauspieler zu werden. Schreibe zu jedem Bild ein bis zwei Sätze. Die vorgegebenen Bilder und Wörter sollen dir helfen. Achte auch auf die richtigen Zeitformen.

vouloir – devenir – acteur – théâtre

un jour – annonce – journal – casting

casting – vouloir se présenter

coiffeur – acheter des vêtements

jury – se sentir bien – avoir du talent

aujourd'hui – entrer en scène – avoir du succès

LEÇON 5

Die indirekte Rede

Mit der indirekten Rede wird wiedergegeben, was jemand anderes gesagt hat. Daher ist es wichtig, in der indirekten Aussage die Personalpronomen, Verben und Begleiter der Nomen an die Rede anzupassen. Die indirekte Rede wird mit *que* eingeleitet:

Marie dit/explique/croit que ...

Direkte Rede:
Amélie dit: «**Mon** frère a 12 ans.»
Indirekte Rede:
Amélie dit que son frère a 12 ans.

Steht ein Verb im ursprünglichen Aussagesatz, muss auch dieses angepasst werden:
Direkte Rede:
Amélie dit: «Je **fais** du sport.»
Indirekte Rede:
Amélie dit qu'elle **fait** du sport.

Natürlich müssen auch die Begleiter angepasst werden:
Direkte Rede:
Elle dit: «Je **me** lave.»
Elle dit qu'elle **se** lave.

1 Schreibe die Sätze in indirekter Rede.

1. Manu dit: «J'adore ce groupe.»

   Manu dit qu'______________________________

2. Julie raconte: «Mon père vient des États-Unis.»

   ____

3. Lola explique: «Mon copain a oublié mon livre.»

   ____

4. Anne répond: «Je m'intéresse au sport.»

   ____

Die indirekte Frage

Auch in der indirekten Frage werden Personalpronomen, Verben und Begleiter der Nomen angepasst. Die indirekte Frage wird mit *si* eingeleitet: *Elle demande si …*

Direkte Frage:
Léo demande: «**Tu aimes** cette musique?»

Indirekte Frage:
Léo demande si **elle/s'il aime** cette musique.
Achtung: *si il* wird zu *s'il* zusammengefasst, *si ils* zu *s'ils*.

2 Schreibe die indirekten Fragen als direkte Fragen.

1. Martin demande si elle vient de Paris.

   Martin demande: «Tu viens ________________________________?»

2. Franck demande s'il joue de la guitare.

   ____

3. Virginie demande s'ils aiment faire la cuisine.

   ____

3 Bilde indirekte Fragen oder Sätze mithilfe der angegebenen Wörter.

1. elle / vouloir / devenir / secrétaire

   Il dit qu'____

2. il / ne pas avoir / envie

   Elle dit qu'____

3. elle / aimer / le rock

   Il demande si ____

Die Verneinung mit *ne ... personne*

Ne ... personne heißt niemand/keiner und wird genauso verwendet wie andere Verneinungswörter, z. B. *ne ... pas*. Verneinungswörter umschließen immer das konjugierte Verb.

Il **n'**écoute **pas**.	Er hört **nicht** zu.
Il **n'**écoute **rien**.	Er hört **nichts**.
Il **n'**écoute **plus**.	Er hört **nichts mehr.**
Il **n'**écoute **jamais**.	Er hört **nie** zu.
Il **n'**écoute **personne**.	Er hört **niemanden**.

Achtung: Im *passé composé* umschließt *ne ... personne* das konjugierte Hilfsverb und das *participe passé*:

Il **n'**a écouté **personne**. Er hat **niemandem** zugehört.

4 Setze *ne ... personne* an die richtige Stelle im Satz.

1. Les filles ________________ voient ________________.
2. Les filles ________________ ont ________________ vu ________________.
3. Il ________________ connaît ________________ ici ________________.
4. Le chien ________________ a ________________ mangé ________________.

5 Verneine die Sätze.

1. Ils aiment le sport. ________________________________
2. Elles mangent toujours. ________________________________
3. Elle connaît tout le monde. ________________________________
4. Je lis souvent. ________________________________
5. J'ai entendu quelqu'un. ________________________________

Das Verb *savoir*

Das Verb *savoir* gehört zu den unregelmäßigen Verben.

savoir

je **sais**	nous sa**vons**
tu **sais**	vous sa**vez**
il / elle / on **sait**	ils / elles sa**vent**

passé composé: j'ai **su**
imparfait: je sav**ais**

Sowohl das Verb *savoir* als auch das Verb *pouvoir* werden im Deutschen mit können übersetzt. Das bereitet vielen Lernern Schwierigkeiten.

Savoir faire qc heißt, dass man die Fähigkeit hat, etwas zu tun – weil man es gelernt hat oder weil man weiß, wie es geht.
Tu **sais** lire ce texte. (Du kannst lesen. Du kannst diesen Text lesen.)

Pouvoir faire qc heißt, dass man die Zeit, Möglichkeit und / oder körperliche Verfassung hat, etwas zu tun.
Tu **peux** lire ce texte. (Du kannst diesen Text jetzt lesen, weil du gerade Zeit hast. Du darfst diesen Text lesen.)

6 Setze die richtige Form von *savoir* oder *pouvoir* ein.

1. Je ________________ chanter. (Ich weiß, wie es geht.)
2. Elle ________________ aller au cinéma. (Sie darf es.)
3. Nous ________________ parler allemand. (Wir haben es gelernt.)
4. Vous ________________ parler au prof. (Ihr dürft es.)
5. Ils ne ________________ pas chanter aujourd'hui. (Sie haben keine Zeit.)

TIPP Überlege immer: Kannst du etwas, weil du es gelernt hast (*savoir*) oder weil du die Möglichkeit hast, es zu tun (*pouvoir*)?

Der Gebrauch von *en* (Menge)

En ersetzt Satzteile, die mit *de/des* eingeleitet werden. *En* ersetzt auch Mengenangaben, die mit *de* gebildet werden.
Im Präsens steht *en* vor dem Verb.

Je veux **des cheveux noirs**.	J'**en** veux.
Je veux **du gâteau**.	J'**en** veux.
Je veux **beaucoup de pain**.	J'**en** veux **beaucoup**.

Bei der Verneinung wird *en* von *ne … pas* zusammen mit dem konjugierten Verb umschlossen:
Je n'**en** veux pas.

Im *passé composé* steht *en* vor dem konjugierten Hilfsverb:
J'**en** ai voulu.

7 Verbinde die Sätze mit ihrer Entsprechung mit *en*.

1. Vous prenez du café?	a. J'en ai assez.
2. Il a des sœurs.	b. Elle n'en veut pas.
3. Janine ne veut pas de gâteau.	c. Il en joue.
4. Cédric boit un verre d'eau.	d. Il en boit.
5. Johnny joue de la guitare.	e. Il en a.

___ ___ ___ ___ ___
1. 2. 3. 4. 5.

8 Schreibe die Sätze mit *en* um.

1. Vous avez de l'argent? ______________________________?
2. Il a fait des gâteaux. ______________________________
3. Elle prend de la glace. ______________________________
4. Je n'ai pas de temps. ______________________________

Berufe

9 Schreibe den passenden Beruf zu den Beschreibungen.

le professeur – l'employée de banque – le cuisinier – le mécanicien – la secrétaire – le directeur – l'infirmière

1. Il répare les voitures: ______
2. Il enseigne à l'école: ______
3. Elle travaille à l'hôpital: ______
4. Elle travaille dans un bureau: ______
5. Le chef de l'entreprise: ______
6. Elle travaille à la banque: ______
7. Il travaille dans la cuisine: ______

10 Buchstabensalat! Entschlüssle die Buchstaben und finde das Lösungswort.

1. enterpirse: _ _ _ _ _ _ _ _ _ _
2. teurrodian: _ _ _ _ _ _ _ _ _ _
3. froneinmatici: _ _ _ _ _ _ _ _ _ _ _ _ _
4. mrrogamep: _ _ _ _ _ _ _ _ _
5. ueaubr: _ _ _ _ _ _
6. tionforma: _ _ _ _ _ _ _ _ _
7. tqhecniue: _ _ _ _ _ _ _ _ _
8. errpéar: _ _ _ _ _ _ _

Das Lösungswort lautet:

_ _ _ _ _ _ _ _
1. 2. 3. 4. 5. 6. 7. 8.

Telefonieren

11 Vervollständige das Gespräch mit folgenden Wörtern.

Augenblick – sprechen – Durchwahlnummer – zurückrufen – geben

– Âllo?

– Bonjour, est-ce que je peux ________________ à Mme Breton?

– Un ________________, s'il vous plaît. Je vous la ________________.

– Merci beaucoup.

– Ah non, elle n'est plus là. Elle peut vous ________________?

– Bien sûr. Je vous donne le ____.

C'est le 02.31.88.36.74.

– Merci monsieur. Au revoir.

Sinnvolle Ausdrücke bilden

12 Verbinde die Wörter zu Ausdrücken oder Sätzen.

1. faire un gâteau	a. de ligne directe
2. Ça vaut	b. à qc
3. faire partie	c. la peine
4. un numéro	d. de faire qc
5. passer	e. payé
6. s'intéresser	f. au chocolat
7. être mal	g. un concours
8. Il suffit	h. de qc

Hören und schreiben 13

13 Höre genau hin. Die folgenden Aussagen zu Lektion 5 sind teilweise richtig und teilweise falsch. Kreuze an.

1.	☐ richtig	☐ falsch		5.	☐ richtig	☐ falsch
2.	☐ richtig	☐ falsch		6.	☐ richtig	☐ falsch
3.	☐ richtig	☐ falsch		7.	☐ richtig	☐ falsch
4.	☐ richtig	☐ falsch		8.	☐ richtig	☐ falsch

Hören und schreiben 14

14 Höre dir die folgenden Sätze an und sprich sie nach. In den Lösungen kannst du den Text nachlesen.

Hören und schreiben 15

15 Du hörst den vollständigen Text, aber du hast nur eine unvollständige Mitschrift. Vervollständige sie.

Les élèves vont aujourd'hui au ________________ pour lire les ________________________________ et trouver des idées pour leur ________________. Amélie dit que le métier ________________________ l'intéresse. Pierre raconte que son père est ______________________ et que lui aussi voudrait travailler ______________________. Pierre dit qu'il aime travailler avec des enfants, qu'il est ________________ et aussi très ________________. Amélie demande s'il veut devenir ________________ ________________________________. Mais Pierre dit qu'il __________ ______________________. L'école, ça suffit!

Informationen heraussuchen

16 Du überlegst dir, was du nach der Schule werden möchtest. Lies die Beschreibung im CDI und beantworte die Fragen.

Fiche-métier: Le métier du cuisinier/cuisinière

Que fait un cuisinier? Il prépare les repas dans un restaurant ou bien dans une cantine. Pour ce travail, il faut tout d'abord aimer la cuisine et être créatif. La propreté est aussi très importante. Et il faut savoir travailler vite parce que les gens qui vont au restaurant veulent manger le plus vite possible.

Dans la cuisine d'un restaurant, on travaille en équipe. Le chef de cuisine travaille comme le directeur d'une entreprise. Il donne des ordres et explique aux autres comment il faut préparer les repas.

Comme les gens aiment aller au restaurant le soir et le week-end, un cuisiner doit souvent travailler tard et le week-end. Et il commence le travail très tôt parce qu'il doit préparer la cuisine et les repas toute la journée.

Pour devenir cuisinier, il faut un CAP, BEP ou BTS.

1. Que doit faire un cuisinier? Il doit …
   - ☐ seulement savoir cuisiner.
   - ☐ être passif, nerveux et compliqué.
   - ☐ être actif, propre et créatif.

2. Un cuisinier travaille aussi …
   - ☐ toute la journée.
   - ☐ le soir et les week-ends.
   - ☐ quand les gens arrivent au restaurant.

3. Dans la cuisine, on travaille …
   - ☐ en équipe.
   - ☐ seul.
   - ☐ sans collègues.

4. Quelle formation a un cuisinier?
   - ☐ Bac + 3.
   - ☐ CAP, BEP et BTS.
   - ☐ CAP, BEP ou BTS

Das Wesentliche verstehen

17 Lies den Text durch und kreuze jeweils die richtige Antwort an.

Jean travaille la nuit. Il se lève tous les jours à trois heures du matin. Une heure plus tard, il commence son travail. Tout le monde dort encore, mais Jean est heureux. Toute sa vie, il a rêvé de ce métier. D'abord, il a fait un bac S. Après le lycée, il voulait faire une formation aux Beaux-Arts. Mais il est revenu sur son rêve.
Jean sait faire beaucoup de spécialités différentes, il fait des gâteaux au chocolat, des croissants, mais il aime surtout la baguette quand elle est encore chaude. Il ne peut jamais sortir ou faire la fête, c'est toujours trop tard pour lui, mais il aime son métier plus que tout! Aujourd'hui, il a beaucoup de nouveaux amis qui ont comme lui le même métier. Jean est aussi très patient et bien organisé. Il aime travailler avec ses mains.
Quel est son métier?

	richtig	falsch
1. Jean ist Koch.	☐	☐
2. Er steht auf, wenn die Leute noch schlafen.	☐	☐
3. Jean hat aber immer geträumt Künstler zu sein.	☐	☐
4. Jean mag es, wenn das Baguette noch heiß ist.	☐	☐
5. Abends geht er gern spät auf Partys.	☐	☐
6. Jean ist ein guter Patient.	☐	☐
7. Er arbeitet gern mit seinen Händen.	☐	☐

LEÇON 6

Das Adjektiv: Komparativ und Superlativ

Der Komparativ

Der Komparativ („größer", „kleiner"/„weniger groß") wird gebildet, indem die Wörter ***plus*** oder ***moins*** vor das Adjektiv gesetzt werden.
→ ***plus*** bedeutet eine Aufwärtssteigerung
→ ***moins*** bedeutet eine Abwärtssteigerung

Um eine Gleichheit („genauso groß wie") auszudrücken, wird ***aussi*** vor das Adjektiv gestellt. Hinter dem Adjektiv steht immer ***que/qu'***.

Elias est **plus grand que** Mehdi.	→ größer als
Leïla **est aussi grande qu'**Aliya.	→ genauso groß wie
Zoé et Axel **sont moins grands que** Marie.	→ kleiner als

Beachte, dass das Adjektiv veränderlich ist. Es richtet sich nach dem Nomen, auf das es sich bezieht.

1 Bilde aus den Bausteinen richtige Sätze mit dem Komparativ.

plus / est / grande / sa sœur / que

Louise ______________________________

de Pauline / gros / est / que / le sac / moins

Le sac de Nathan ______________________________

plus / est / que / petit / son frère

Cédric ______________________________

lourds / le sac / aussi / que / sont

Les bagages ______________________________

Das Adjektiv: Komparativ und Superlativ

Der Superlativ

Der Superlativ („der/die/das größte, kleinste") wird gebildet, indem der bestimmte Artikel vor den Komparativ gesetzt wird.

→ ***le plus*** ...
→ ***le moins*** ...

Elias est **le plus grand garçon** de sa classe.	→ der größte
Zoé et Axel sont **les plus petits** de la classe.	→ die kleinsten
Marie est **la moins sportive** de la classe.	→ die unsportlichste

Beachte, dass das Adjektiv veränderlich ist. Es richtet sich nach dem Nomen, auf das es sich bezieht.

2 Übersetze die folgenden Superlative.

die schwierigsten (*m.*) ______________________

der ängstlichste ______________________

die schönste ______________________

der schwerste ______________________

3 Setze nun die Superlative aus Aufgabe 2 richtig in die Sätze ein.

1. Le sac de Nathan est ______________________
2. Les devoirs de maths sont ______________________ pour Estelle.
3. Audrey est la fille ______________________ de la classe.
4. Lucas est le garçon ______________________ du groupe.

Die Steigerung des Adjektivs *bon*

Für das Adjektiv *bon* musst du eine besondere Steigerungsform lernen, es wird nicht mit *plus* gesteigert:

bon / bonne **bons / bonnes**	Adjektiv
↗ **meilleur / meilleure** ↗ **meilleurs / meilleures**	Komparativ
↑ **meilleur / meilleure** ↑ **meilleurs / meilleures**	Superlativ

Elias est bon en sport.
Axel est **meilleur** en sport.
Mais Zoé est **la meilleure** en sport.

4 Vergleiche die Schüler des Fußballvereins und setze die richtige Form von *bon* ein.

Classement:
1 Karim
2 Leïla
3 Cédric et Marie

1. Leïla est ______________________________ Marie.
2. Karim est ______________________________ du club.
3. Marie est ______________________________ Cédric.
4. Leïla et Karim sont ______________________________ du club.

5 Komparativ oder Superlativ? Übersetze.

1. Ben ist der größte von seinen Freunden, aber er ist der unsportlichste.

____

____

2. Alice ist weniger mutig als Manon, aber Alice ist die Beste in Mathe.

____

____

Das Verb *conduire*

conduire	**fahren**
je conduis	ich fahre
tu conduis	du fährst
il/elle/on conduit	er/sie/es fährt
nous conduis**ons**	wir fahren
vous condui**sez**	ihr fahrt
ils/elles condui**sent**	sie fahren
Imperativ: Conduis. Condui**sons**. Condui**sez**.	**Passé composé:** j'ai conduit **Imparfait:** je conduisais

6 Vervollständige das Gitter mit den Formen von *conduire*.

			s										
	'												
			c										

Artikel bzw. Präpositionen bei Ländernamen

1. Der Artikel bei Ländernamen

Im Französischen steht vor dem Ländernamen der bestimmte Artikel.
Die meisten Ländernamen sind feminin:
z. B.: la France, la Suisse
Einige Ländernamen sind maskulin:
z. B.: le Danemark, le Portugal
Es gibt auch ein paar Ländernamen, die im Plural sind:
z. B.: les Etas-Unis, les Pays-Bas

2. Die Präpositionen *de/d'/du/des* bei Ländernamen

Wenn du fragen/sagen möchtest, woher/aus welchem Land jemand kommt, brauchst du eine Form von ***de***:
de/d' vor femininen Ländernamen
du vor maskulinen Ländernamen
des vor Ländernamen im Plural

3. Die Präpositionen *en/au/aux* bei Ländernamen

Wenn du fragen/sagen möchtest, wo/wohin jemand ist/geht, brauchst du die Präposition ***en*** oder eine Form von ***à***:
en vor femininen Ländernamen
au vor maskulinen Ländernamen
aux vor Ländernamen im Plural

7 Louise und ihre Eltern möchten in den Sommerferien eine Europareise unternehmen. Welche Länder stehen zur Auswahl?

Alors, on peut visiter _____ Espagne, _____ Portugal, _____ Angleterre,

_____ Irlande, _____ Pays-Bas, _____ Autriche, _____ Danemark,

_____ Suisse, _____ République tchèque, _____ Hongrie et _____ Pologne.

8 Louise und ihre Eltern möchten in den Sommerferien eine Europareise unternehmen. In welche Länder möchte Louise reisen?

Alors, nous allons _____ Espagne et _____ Portugal. Après on va

_____ Suisse. Et à la fin je voudrais aller _____ Pays-Bas.

9 Auf ihrer Reise hat die Familie viele Menschen unterschiedlicher Nationalitäten kennen gelernt. Welche?

D'abord, nous avons rencontré Dylan qui vient _____ Irlande. Ensuite,

Jesse, un garçon _____ Pays-Bas et sa copine Mathilde _____ Danemark.

Et à la gare une fille qui vient d'arriver _____ Hongrie.

Der Gebrauch von *y* und *en* (örtlich)

Y (örtlich)

y bedeutet **„dorthin"/„dort"**. Es wird verwendet, um eine Ortsangabe zu ersetzen, die mit **à, chez, dans, en** oder **sur** eingeleitet wird:

Tu vas au supermarché? – Oui, **j'y** vais.
– Non, **je n'y** vais **pas**.

En (örtlich)

en bedeutet **„von dort"/„von daher"**. Es wird verwendet, um eine Ortsangabe zu ersetzen, die mit **de** eingeleitet wird:

Tu viens du supermarché? – Oui, **j'en** viens.
– Non, **je n'en** viens **pas**.

Was fällt dir auf? → **y** und **en** stehen vor der konjugierten Verbform
→ bei der Verneinung stehen **y** und **en** + konjugierte Verbform zwischen *ne … pas*

10 Ersetze die fett gedruckten Satzteile durch *y* oder *en*.

1. Tu reviens **de tes vacances en France**. – Oui j'_____ reviens.
2. Tu es allé **à Paris**? – Oui, j'_____ suis allé.
3. Et, tu es passé **au musée le Louvre**. – Non, je n'_____ suis pas passé.
4. Tu viens **de la gare**? – Non, je n'_____ viens pas, je viens du métro.

Die Inversionsfrage

Die Inversionsfrage wird v.a. in der gehobenen und in der geschriebenen Sprache verwendet.

Das Subjektpronomen wird mit einem Bindestrich an das Verb angeschlossen:

As-tu cherché de l'argent?
Avez-vous rangez vos chambres?
Où **vas-tu**?

11 Schreibe die folgenden Fragen auf Französisch. Verwende die Inversionsfrage.

1. Hast du den Text verstanden?

____

2. Wann kommt er?

____

3. Wie spät ist es?

____

4. Wohin geht ihr?

____

Das Pronomen *chacun, chacune*

Das Pronomen *chacun, chacune* wird nur im Singular verwendet. Es richtet sich nach dem Geschlecht des Nomens, mit dem es gebraucht wird:
chacun = maskuline Form
chacune = feminine Form

Margot et ses sœurs veulent aller en vacances.
Chacune prépare son sac.

Les sœurs et les parents vont au supermarché.
Chacun aide.

12 Setze die richtige Form *chacun, chacune* in die Sätze ein.

1. Lucie et Marie vont dans un café. ________________ commande un coca.
2. Marc et Axel arrivent. ___________________________ achète un croissant.
3. Les quatre amis sont là. __________________ prend aussi un jus d'orange.

Das Adjektiv *vieux*

Das Adjektiv *vieux* hat folgende Formen:

Maskulinum	**Femininum**
un vieux sac / un vieil homme	une vielle femme
des vieux sacs / des vieux hommes	des vieilles maison

13 Da Louise bald Geburtstag hat, erklärt sie ihrer Mutter, was sie sich wünscht, da alles alt ist. Setze die richtige Form von *vieux* ein.

Mes fringues sont _________________ . J'ai une _________________ montre et des _________________ bracelets! J'ai aussi un _________________ ordinateur. Et tu as vu mon vélo? Il est aussi très très _________________ …

Das Wetter

14 In der Lektion 6 hast du viele Vokabeln zum Thema Wetter kennen gelernt. Schreibe die Wettervorhersagen.

	______________________ ______________________
	______________________ ______________________
	______________________ ______________________
	______________________ ______________________
	______________________ ______________________
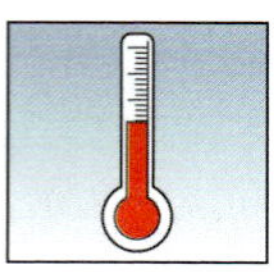	______________________ ______________________
	______________________ ______________________

Reisen

15 Suche aus den Bausteinen 10 Wörter zum Thema „Reise“. Schreibe sie auf und ergänze bei den Nomen den unbestimmten Artikel.

rou | auto | em | ages | faire | te | mener | av | ion | ess | mini | ager | route | ence | bag | du stop | bus | voy | centre | de vacances

un ______ ______________________

______ ______________________

______ ______________________

______ ______________________

______ ______________________

______ ______________________

______ ______________________

______ ______________________

______ ______________________

______ ______________________

Unterwegs

16 Übersetze die folgenden Sätze.

1. Möchtest du mit dem Zug oder dem Auto wegfahren?

____

2. Wir müssen noch tanken.

____

3. Während ich volltanke, kannst du ein Eis kaufen gehen.

____

4. Der Bus kommt um 17 Uhr vorbei.

____

5. Das liegt nicht auf meinem Weg.

____

6. Meine Mutter parkt das Auto heute vor dem Geldautomaten.

____

Gegensatzpaare

17 Finde die Wörter mit der gegensätzlichen Bedeutung und trage sie in die jeweilige Lücke ein.

jeune	______
______	derrière
facile	______
moche	______

Hören und verstehen 16

18 Hör genau hin. Die folgenden Aussagen zu Lektion 6 sind teilweise richtig und teilweise falsch. Kreuze an.

1. ☐ richtig ☐ falsch
2. ☐ richtig ☐ falsch
3. ☐ richtig ☐ falsch
4. ☐ richtig ☐ falsch
5. ☐ richtig ☐ falsch
6. ☐ richtig ☐ falsch
7. ☐ richtig ☐ falsch
8. ☐ richtig ☐ falsch

Hören und nachsprechen 17

19 Höre dir die folgenden Sätze an und sprich sie nach. In den Lösungen kannst du den Text nachlesen.

Hören und schreiben 18

20 Du hörst den vollständigen Text, aber du hast nur eine unvollständige Mitschrift. Vervollständige sie.

Salut Aïcha,

Oui, nous sommes bien arrivés à ____________________. On s'est bien ____________________ dans un ____________________ camping, mais il est très joli et en plus, il ____________________ ici.

On a pris avec nous un ____________________ qui faisait ____________________. Il a ____________________ pendant tout le voyage :-)

On ____________________ jusqu'au centre-ville.

Maintenant? On va dans un ____________________ pour prendre un coca et un ____________________. A plus! Bisou.

Das Wesentliche verstehen

21 Hier kannst du die Wettervorhersage für die Region Avignon lesen. Lies den Text.

La météo aujourd'hui pour la région d'Avignon:

Aujourd'hui, le temps va être très variable. La journée commence avec du beau temps, il va y avoir du soleil et un ciel bleu partout dans la région. A midi, nous allons avoir des nuages et du vent. Dans l'après-midi, on attend de la pluie et des orages. La pluie va rester toute la nuit. Pour les températures: pas plus de 15 degrés en journée.

Et pour demain, pas de soleil mais un ciel gris, attendez-vous à une journée de pluie toute la journée, n'oubliez donc pas de mettre des vêtements de pluie.

a) Kreuze an, welche Wettersymbole für die heutige Wettervorhersage von Avignon gelten:

 ☐

 ☐

 ☐

 ☐

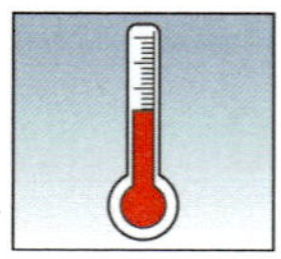 ☐

b) Kreuze die richtigen Antworten an.

	vrai	faux
1. Heute Morgen wird es in Avignon regnen.	☐	☐
2. Ab dem Nachmittag werden Gewitter erwartet.	☐	☐
3. Morgen wird wieder schönes Wetter.	☐	☐
4. Die Regenkleidung kann wieder eingepackt werden.	☐	☐

Informationen heraussuchen

22 Lauretta und die Theatertruppe fahren nach Avignon. Hier findest du einige Informationen über die Stadt und die Region.

Tu as peut-être déjà entendu du Palais des papes ou du pont d'Avignon? Tu connais peut-être aussi cette chanson qui est très connue: «Sur le pont d'Avignon, on y danse, on y danse ...». Voilà quelques informations sur cette ville magnifique. Avignon se trouve dans le sud de la France dans la région «Provence-Alpes-Côte d'Azur». Le département s'appelle Vaucluse.

Avignon est la plus grande ville du département. La ville compte environ 90 000 habitants, les *Avignonnais*.
On appelle Avignon aussi «la cité des papes» parce que les papes y ont «habité» entre 1335 et 1430. En juillet, il y a toujours le Festival d'Avignon avec beaucoup de spectacles de théâtre, de danse et aussi des chanteurs.
A savoir: Avignon est sur la ligne du TGV: pour venir de Paris à Avignon en TGV, ça prend seulement 2 heures 40.

Entnimm der Internetseite folgende Informationen:

1. Wo befindet sich Avignon? ______________________________

2. Wie heißen die Einwohner von Avignon? ______________________

3. Warum wird Avignon auch «cité des papes» genannt?

____

4. Was findet jedes Jahr im Sommer statt und was gibt es zu entdecken?

____

5. Wie lange dauert die Reise Paris-Avignon im TGV? ______________

Etape 3 (Lektion 5–6)

Die indirekte Rede/Frage

1 Schreibe die Sätze in der indirekten Rede oder Frage.

1. Claire demande: «Luc, est-il là?»

   Claire demande si ______________________________

2. Zoé raconte: «Je veux devenir professeur des écoles.»

   Zoé raconte ______________________________

3. Françoise dit: «Le livre que je lis est intéressant.»

   ____

4. Julie répond: «Je ne m'intéresse pas aux livres.»

   ____

Länder

2 Setze die richtigen Artikel oder Präpositionen in die Sätze ein und übersetze die Ländernamen.

1. Tu connais ____________ *(Kanada)*?
2. Est-ce que vous êtes déjà allé ____________ *(nach Dänemark)*?
3. Javier vient ____________ *(aus der Schweiz)*.
4. Anja et Ulf viennent ____________ *(aus Deutschland)*.
5. Maarten habite ____________ *(in den Niederlanden)*.
6. Marie va au lycée ____________ *(in Frankreich)*.

Die Verneinung

3 Verneine die Sätze.

1. Christelle veut devenir secrétaire.

___

2. Pierre connaît tout le monde ici.

___

3. Luc mange tout.

___

4. Il mange tout le temps.

___

Die Steigerung

4 Bilde Sätze mit der Steigerungs- oder Vergleichsform.

1. Sandrine / être / plus grand / Olivier

___

2. Olivier / être / moins grand / Sandrine.

___

3. Olivier / être / aussi grand / Zoé

___

4. Olivier et Zoé / être / moins grand / du groupe

___

Der Gebrauch von *y* und *en*

5 Welcher Satz ist richtig? Kreuze an.

1. Patrick et Janine achètent beaucoup de fleurs.
   - ☐ Ils en achètent.
   - ☐ Ils y achètent.
2. Manu et Robert vont à la fête de Luc.
   - ☐ Ils en vont.
   - ☐ Ils y vont.
3. Claudine vient de Paris.
   - ☐ Elle y vient.
   - ☐ Elle en vient.
4. Michel ne va pas aux États-Unis.
   - ☐ Il n'y va pas.
   - ☐ Il y ne va pas.
5. Les parents de Sandra travaillent à la boulangerie.
   - ☐ Ils en travaillent.
   - ☐ Ils y travaillent.
6. Mona cherche des livres.
   - ☐ Elle y cherche.
   - ☐ Elle en cherche.
7. Philippe veut un peu de gâteau.
   - ☐ Il veut y.
   - ☐ Il en veut.
8. Claudine ne mange jamais de pain.
   - ☐ Elle n'en mange jamais.
   - ☐ Elle n'y mange jamais.

Die Ländernamen

6 Finde die zwölf versteckten Ländernamen. Füge den bestimmten Artikel hinzu.

I	C	D	F	P	O	L	O	G	N	E
S	E	N	A	O	F	S	A	M	D	A
F	S	M	I	R	L	A	N	D	E	U
S	U	H	V	T	H	O	G	L	P	T
L	I	A	C	U	O	V	L	I	F	R
E	S	P	A	G	N	E	E	N	R	I
D	S	I	N	A	G	N	T	F	A	C
N	E	P	A	L	R	C	E	U	N	H
O	F	F	D	E	I	G	R	E	C	E
A	H	U	A	O	E	S	R	D	E	C
M	L	I	T	A	L	I	E	E	N	I

____

____

____

____

____

____

____

____

____

____

____

____

Savoir und *pouvoir*

7 Setze die richtige Form von *savoir* oder *pouvoir* ein.

1. Tu ______________________ m'aider?
2. Je ne ______________________ pas. Que veux-tu?
3. Je dois écrire un article et je ne ______________________ pas comment.
4. Ah, non, je ne ______________________ pas. Je n'ai pas assez de temps.
5. Si tu veux, je ______________________ t'aider.

Wortschatz

8 Übersetze die deutschen Begriffe mithilfe der angegebenen Silben. Füge den unbestimmten Artikel hinzu.

a ar au ca cien cien en fir for for in in ma ma ma mé mier ni ni prise route teur ti tion tiste to tre

une ________________	eine Autobahn
________________	eine Ausbildung
________________	eine Firma
________________	ein Künstler
________________	ein Fernsehmoderator
________________	ein Krankenpfleger
________________	ein Informatiker
________________	ein Kfz-Mechaniker

9 Übersetze die Sätze ins Französische.

1. Ich fahre mit dem Auto, das rot ist.

____

2. Sie kommt aus den Niederlanden und wohnt in Kanada.

____

3. Der Informatiker aus den USA ist der beste.

____

4. Ich interessiere mich für Ihren Beruf.

____

Vieux

10 Setze die richtige Form von *vieux* ein.

1. un ________________ homme
2. une ________________ maison
3. une ________________ église
4. un ________________ copain
5. des ________________ voitures
6. des ________________ infirmiers
7. des ________________ jardins
8. des ________________ infirmières

Sinnvolle Ausdrücke bilden

11 Verbinde die Fragen.

1. As-tu regardé le reportage	a) un concours?
2. As-tu déjà passé	b) as-tu?
3. Veux-tu aller	c) vas-tu?
4. Quel âge	d) en équipe?
5. Venez-vous	e) à la télé?
6. Aimes-tu travailler	f) du théâtre?
7. Où	g) des États-Unis?
8. Fais-tu	h) aux Pays-Bas?

____	____	____	____	____	____	____	____
1.	2.	3.	4.	5.	6.	7.	8.

Textverständnis

12 Vervollständige den Lückentext mit folgenden Wörter. Beantworte anschließend die Fragen.

habitants – vieille – chacun – tous – présenté – d'Espagne – m'appelle – allée – viens-tu – pique-nique – quelque chose – est-il – deux

Javier: Bonjour, je ________________ Javier. Je viens ________________________.

Christelle: Salut. Je suis déjà ________________ en Espagne. D'où ________________ exactement?

Javier: De Madrid. Et vous, vous habitez ________________ ici?

Christelle: Non, nous venons ________________ d'un village différent. Moi, j'habite dans une ________________ maison dans un village qui a seulement 300 ________________.

Sandrine: Salut Javier, tu t'es déjà ________________? Tu veux faire un ________________________ avec nous? Chacun achète ____________________________ et on va ensuite au parc.

Javier: Oui, je veux bien! Quelle heure ________________ maintenant?

Christelle: Il est ________________ heures. Le pique-nique est à quatre heures. Alors, à plus?

Javier, Sandrine: D'accord, à plus!

Berufsbeschreibung

13 Schreibe Anzeigen. Einige wichtige Vokabeln sind schon vorgegeben.

Employé(e) de banque: sérieux / argent / conseils / contact / clients

Cherche

Animateur(trice) à la télé: émissions / présenter / actualité / parler en public / stages

Mécanicien(ne): garage / voitures / réparer / adroit

Cuisinier: repas / préparer / restaurant / cantine / propreté / équipe

Texterstellung

14 Du fährst mit deinen Freunden zum Camping. Erzähle im *passé composé*, was ihr erlebt. Die angegebenen Vokabeln dienen als Orientierung.

– festival / musique / jouer ensemble
– conduire / très vite
– faire le plein / aire d'autoroute / manger
– arriver / camping / monter les tentes / fait beau
– Christelle / oublier / bagages
– Amélie / aussi mince que Christelle / prêter / jean / t-shirt
– répétitions / Manu / en retard
– Jacques / jouer / trop vite
– mauvais temps / pleut / beaucoup de vent
– finalement / festival / succès

Module 1

Das Plusquamperfekt

Das Plusquamperfekt (*plus-que-parfait*) ist eine Zeitform der Vergangenheit. Es wird verwendet, wenn eine Vorvergangenheit ausgedrückt werden soll.

1. Bildung

Imparfait-Formen von **avoir / être + participe passé**:

avoir	**être**
j'avais trouvé	j'étais arrivé(e)
tu avais trouvé	tu étais arrivé(e)
il avait trouvé	il était arrivé
elle avait trouvé	elle était arrivée
on avait trouvé	on était arrivé(e)(s)
nous avions trouvé	nous étions arrivé(e)s
vous aviez trouvé	vous étiez arrivé(e)s
ils avaient trouvé	ils étaient arrivés
elles avaient trouvé	elles étaient arrivées

Beachte, dass bei den mit *être* gebildeten Formen das *participe passé* veränderlich ist.

Das konjugierte Hilfsverb (*avoir* oder *être*) steht zwischen den Verneinungswörtern:
Je **n**'avais **pas** mangé toute la journée.

2. Gebrauch

Das *plus-que-parfait* wird verwendet, wenn ein Geschehen vor einem anderen Geschehen in der Vergangenheit stattfindet.

Beispiel:
Ce matin, nous voulions aller au cinéma, mais Marie **avait** déjà **vu** le film.
Quel dommage!

1 Übersetze die Verbformen und bilde die richtige Form im *plus-que-parfait*.

ich hatte gegessen	______________
du hattest begonnen	______________
er hatte angerufen	______________
sie war angekommen	______________
wir waren geblieben	______________
ihr hattet gehabt	______________
sie waren schwimmen	______________

2 Louis' Großvater erzählt ihm, wie er seine Großmutter kennen gelernt hatte. Setze die richtige Form im *plus-que-parfait* in die Sätze ein.

Alors, ce jour-là, je ______________ *(se préparer)* pendant deux heures dans la salle de bain. Ma mère était furieuse et elle m' ______________ *(dire)* de me dépêcher. A 3 heures, nous ______________ *(se retrouver)* devant le cinéma. Ta grand-mère était très belle! Mais nous ______________ *(ne pas voir)* le film et nous ______________ *(aller)* dans un café. C'était déjà l'amour avec un Grand A!

Der Imperativ mit zwei Pronomen

Um einen Satz zu verkürzen, können die Nomen durch ein Pronomen ersetzt werden. Stehen zwei Pronomen hintereinander, musst du Folgendes beachten:

Beim bejahten Imperativ stehen beide Pronomen (direktes und indirektes Objektpronomen) **hinter** dem Imperativ:

Dis-lui la vérité.	**Dis-la-lui.**
Explique-lui les exos.	**Explique-les-lui.**
Donne le CD à Tom et Luc.	**Donne-le-leur.**

Dabei werden der Imperativ sowie das direkte und indirekte Objektpronomen durch einen Bindestrich verbunden.

Die Pronomen *me* und *te* werden durch *moi* und *toi* ersetzt.
Donne-le-moi.
Dis-le-toi.

3 Bilde Antworten mit dem Imperativ. Bringe die Wörter in die richtige Reihenfolge und ergänze die Bindestriche.

1. Explique les devoirs à Mateo. → les / explique / lui

___

2. Montre-moi la médaille. → la / moi / montre

___

3. Donne le ballon à Zoé et Chloé. → donne / leur / le

___

4 Bilde Imperative und ersetze die fett gedruckten Wörter durch Pronomen.

1. Offre **la fleur à Mathilde**. → ___
2. Prêtez **les BD aux copains**. → ___
3. Présente **Annie à tes copains**. → ___

L'amour

5 Welche Wörter fallen dir zum Thema Liebe ein. Erstelle ein Wortfeld mit den Vokabeln aus Module 1 und weiteren Vokabeln aus vorangegangen Lektionen.

Hören und verstehen 19

6 Hör genau hin. Die folgenden Aussagen zu Module 1 sind teilweise richtig und teilweise falsch. Kreuze an.

1. ☐ richtig ☐ falsch
2. ☐ richtig ☐ falsch
3. ☐ richtig ☐ falsch
4. ☐ richtig ☐ falsch
5. ☐ richtig ☐ falsch
6. ☐ richtig ☐ falsch
7. ☐ richtig ☐ falsch
8. ☐ richtig ☐ falsch

Hören und nachsprechen 20

7 Höre dir die folgenden Sätze an und sprich sie nach. In den Lösungen kannst du den Text nachlesen.

Hören und schreiben 21

8 Du hörst den vollständigen Text, aber du hast nur eine unvollständige Mitschrift. Vervollständige sie.

Salut Maman,

Je suis bien arrivé à Toulouse. Le camp de judo commence demain matin. Aujourd'hui, on va faire du ________________ ou on va ____________________. Et Marc a apporté son ________________. Au camp, il y a une fille qui est très belle. Hier, ____________________ devant elle. Je suis déjà un peu ______________________ … Pour l'instant, je ne ________________ pas, je vais apprendre de nouvelles ________________ de judo et un jour, je vais recevoir la ____________________________! Bon je te rappelle plus tard. Bisou.

Informationen heraussuchen

9 Laura hat folgenden „Hilferuf" in einem Forum hinterlassen. Lies den Text und beantworte anschließend die Fragen auf Deutsch.

Posté le 15.01.12 à 14:32

Salut tout le monde!
Vous pouvez m'aider?
Demain j'ai un rendez-vous avec Léon! Lui, il est grand avec des cheveux longs. Et surtout, très sportif. Il est même ceinture noire!
Et moi, je suis nulle en sport. J'ai même pas la moyenne! Il m'a invitée à faire du jogging avec lui et après à jouer au ballon …
Mais moi, je préfère aller au ciné ou dans un café …
Que faire? Qu'est-ce que vous en pensez?
Il m'a déjà offert des fleurs et invitée à la piscine!
C'est déjà l'amour avec un grand A!
MERCI de votre aide!!
Laura

1. Warum braucht Laura Hilfe?

____

2. Was erfahren wir über Léon?

____

3. Was schlägt Léon vor, zu unternehmen?

____

4. Haben sich die beiden schon einmal getroffen? Und wenn ja, was haben sie gemacht?

____

5. Ist Laura verliebt? Begründe deine Antwort.

____

Module 2

Die Frage nach Personen – das Subjekt

Qui est-ce qui lautet die Frage nach einer Person, die das Subjekt des Satzes ist. *Qui est-ce qui* entspricht also der Frage *qui* und wird häufig in der gesprochenen Sprache verwendet:

– Olivier est boulanger.
– **Qui est-ce qui** est boulanger? / **Qui** est boulanger?
– C'est Olivier.

1 Frage nach dem Subjekt, indem du *qui est-ce qui* und *qui* verwendest.

1. Zoé a lu le livre.

   Qui est-ce qui ______________________________?

   Qui ______________________________?

2. M. Lombard travaille à Lyon.

   ______________________________?

   ______________________________?

3. Charlotte et Nina vont au cinéma.

   ______________________________?

   ______________________________?

4. Michel explique les maths à son frère.

   ______________________________?

   ______________________________?

5. Les filles habitent dans la banlieue.

   ______________________________?

   ______________________________?

Die Frage nach Personen – das Objekt

Qui est-ce que / qui est-ce qu' lautet die Frage nach einer Person, die das Objekt des Satzes ist. In der Frage kommt neben dem Verb auch das Subjekt vor. Eine Frage nach Personen beginnt immer mit *qui*:

– Olivier a apellé Jean.
– **Qui est-ce qu'**Olivier a appelé?
– Il a appelé Jean.

Achtung! Nach *qui est-ce qui*, also der Frage nach dem Subjekt, steht das Verb immer im Singular.

2 Frage nach dem fett gedruckten Satzteil.

1. **La famille** habite à Caen.

____?

2. **M. et Mme Gouardo** ont trois fils.

____?

3. Luc a invité **son meilleur ami**.

____?

4. Léo a appelé **son prof**.

____?

5. **Léo** est au collège Balzac.

____?

Die Frage nach Sachen

Die Frage *qu'est-ce que / qu'est-ce qu'* kennst du bereits. Fragt man jedoch nach einer Sache, die das Subjekt des Satzes ist, lautet die Frage ***qu'est-ce qui***.

– **Le travail** m'énerve.
– **Qu'est-ce qui** t'énerve?
– Le travail.

3 Übersetze die Fragen.

1. Ils ont appelé leur copain.

   Wen haben sie angerufen?

   ______________________________?

   Was haben sie gemacht?

   ______________________________?

2. Amélie cherche sa robe.

   Wer sucht sein Kleid?

   ______________________________?

   Was sucht Amélie?

   ______________________________?

TIPP Achte darauf, ob es sich um ein Subjekt oder ein Objekt handelt und ob es eine Person oder eine Sache ist.

Der Gebrauch von *ce qui* und *ce que*

Die beiden Formen ***ce qui*** und ***ce que/ce qu'*** drücken im Deutschen beide *was* aus und beziehen sich nicht auf Personen oder Sachen, sondern auf Sachverhalte.
Ce qui ist dabei Subjekt, *ce que* ist Objekt:

Je ne sais pas **ce qui** t'intéresse.
Ich weiß nicht, was dich interessiert.
Je ne sais pas **ce que** tu veux.
Ich weiß nicht, was du willst.

4 Kreuze an, ob die fett gedruckten Satzteile das Subjekt oder das Objekt sind.

	Subjekt	Objekt
1. Je donne **le livre** à mon frère.	☐	☐
2. **Elle** déteste se lever tôt.	☐	☐
3. Il **m**'a demandé ce que tu voulais.	☐	☐
4. Elle lui a demandé ce qu'**il** aime.	☐	☐
5. **Les parents de Julie** habitent à Paris.	☐	☐

5 Setze *ce qui* oder *ce que* in die Lücken ein.

1. ____________________ m'intéresse, c'est faire du sport.
2. Je n'ai pas compris ____________________ tu as dit.
3. Il a demandé ____________________ tu voulais.
4. Je déteste ____________________ tu aimes.
5. Elle a demandé ____________________ t'énerve.
6. Nous ne savons pas ____________________ vous voulez.

6 Übersetze die Fragen und Sätze.

1. Was willst du?

____

2. Wen suchst du?

____

3. Wer hat den Kuchen gemacht?

____

4. Ich weiß, was du denkst.

____

5. Was ich hasse sind Bananen.

____

6. Ich verstehe nicht, was dich aufregt.

____

7 Stelle die passende Frage, indem du nach dem markierten Satzteil fragst.

1. **Le sport** intéresse Luc.

   Qu'est-ce qui ______________________________?

2. **Zoé** a fait le gâteau.

______________________________?

3. Philippe a invité **ses copains**.

______________________________?

4. Jean rencontre **Amélie**.

______________________________?

8 Marie ist auf einem Forum und nimmt an einer kleinen Umfrage teil. Welche Antwort passt zu der Frage? Kreuze an.

1. Qu'est-ce que tu cherches toujours?
   - ☐ Sandrine.
   - ☐ Mes chaussettes
   - ☐ Jamais.
2. Qu'est-ce qui t'intéresse?
   - ☐ Le sport.
   - ☐ Pierre et Alex
   - ☐ Ça m'énerve.
3. Qui est-ce qui t'énerve?
   - ☐ Mes parents.
   - ☐ L'école.
   - ☐ Parfois.
4. Qu'est-ce que tu n'aimes pas?
   - ☐ Les gâteaux.
   - ☐ Une copine.
   - ☐ Toujours.
5. Qu'est-ce que te dit ta mère toujours?
   - ☐ Rien.
   - ☐ Mon père.
   - ☐ Ne rentre pas tard.
6. Qu'est-ce qui est important dans une fête?
   - ☐ Non, jamais.
   - ☐ C'est la musique.
   - ☐ Les devoirs.
7. Qui est-ce que tu aimes?
   - ☐ J'aime mes copines.
   - ☐ J'aime les pizzas.
   - ☐ J'aime les vacances.

LÖSUNGEN

LEÇON 1

1

1. Tu connais le chanteur **qui** chante?
2. J'adore le gâteau **que** tu as préparé.
3. Tu aimes la chanson **qu'il** joue?
4. Voilà la rue **où** j'habite.

2

1. Je lis un livre **qui** est très intéressant. C'est le livre **que** Sophie aime aussi.
2. C'est la maison **où** nous habitons. C'est une maison **qui** est très grande.
3. C'est un garçon **qui** est sympa. C'est le garçon **que** j'aime.
4. Christelle est la guitariste **qui** joue vraiment très bien.

3

1. Nous regardons un film qui est intéressant.
2. Il a un frère qui est encore très jeune.
3. Elle va au collège à Toulouse où elle habite.
4. Pierre parle à Louise qui est sympa.

4

– Bonjour Lisa, ça va?
– **Moi**, oui, ça va, et **toi**?
– Bien, merci. **Toi**, tu connais Pierre, n'est-ce pas?
– Oui, **lui**, il est sympa. Marie, **elle**, elle l'aime beaucoup.

5

1. Que font Sébastien et Estelle? – **Eux**, ils jouent de la musique.
2. Johnny est le nouveau guitariste. Dany, **lui**, il ne l'aime pas.
3. Estelle et Jennifer sont ici. Je suis venu avec **elles**.

6

1. Les filles **choisissent** du rock pour leur fête.
2. Quand le concert **finit**, les gens **applaudissent**.
3. Comment allons-nous faire? **Réfléchissons**!
4. Estelle **choisit** une nouvelle robe.

7

1. **Ils** choisissent un nouveau guitariste.
2. **Il** réfléchit.
3. **Ils** finissent trop tôt aujourd'hui.

8

toute la famille
tous les week-ends
tout le voyage
toutes les vacances

9

1. **Tout le** groupe
2. **Toute la** famille
3. **Tous les** touristes
4. **Toute la** batterie
5. **Toutes les** chanteuses
6. **Tous les** amis
7. **Toute la** voiture
8. **Toutes les** amies
9. **Toutes les** maisons
10. **Toute la** musique

10

Französisch	Deutsch
instrument de musique (m.)	Musikinstrument
chanteuse (f.)	**Sängerin**
batterie (f.)	Schlagzeug
applaudir	**applaudieren, Beifall klatschen**
clavier (m.)	**Keyboard**
morceau (m.)	Stück
guitariste (m.)	**Gitarrist**
concert (m.)	Konzert
guitare (f.)	Gitarre
chanson (f.)	**Lied**

11

1. g; 2. u; 3. i; 4. t; 5. a; 6. r; 7. e
Lösungswort: guitare

12

– Anne, **qu'est-ce que tu penses de** Johnny, le nouveau guitariste?
– Moi, **je crois qu'**il joue très bien.
– A **mon avis,** c'est un frimeur.
– **Je trouve que** tu exagères! Je ne suis **pas d'accord.**
– Nous devons **trouver une solution.** J'ai **bien réfléchi et** je trouve aussi qu'il joue très bien.

13

1. hoffen — esp**é**rer
2. nachdenken — r**é**fléchir
3. applaudieren — ap**p**laudir
4. übertreiben — exag**é**rer
5. wiederholen — répé**t**er
6. beenden — f**i**nir

7. singen — chan**t**er
8. wählen — chois**i**r
9. spielen (Instrument) — j**o**uer
10. aufbauen — i**n**staller

Lösung: répétition

14

1. A la première répétition, Johnny arrive à l'heure. – **falsch**
2. Quand Johnny arrive, il embrasse tout de suite Estelle. – **richtig**
3. Estelle trouve que Johnny est un vrai frimeur. – **richtig**
4. Roland joue de la guitare basse. – **falsch**
5. Les Loustiks choisissent Pablo comme leur nouveau guitariste. – **falsch**
6. Le premier jour de l'année, c'est la Fête de la Musique partout en France. – **falsch**
7. Johnny arrive en retard à la Fête de la Musique, mais il a la clé du magasin. – **richtig**
8. Le concert des Loustiks commence à neuf heures. – **richtig**

15

– Salut! C'est toi, la chanteuse?
– Oui, c'est moi. Et toi, tu es le nouveau guitariste?
– Oui. C'est ça! Désolé, je suis en retard.
– Cool ... Ne panique pas! On n'a pas encore commencé.
– Très bien. Et nous finissons la répétition à quelle heure?
– Quand tous les morceaux sont prêts pour le concert de samedi. Alors j'espère que tu es un bon guitariste ...
– Euh ...

16

Aujourd'hui, c'est le **premier** jour de l'été. En France, c'est le **jour** de la **Fête de la Musique**. On voit des **musiciens** partout dans les rues. Christelle va jouer avec son groupe aujourd'hui, mais elle est **en retard** et les autres attendent déjà. Elle arrive cinq **minutes** avant le concert. Elle joue **de la batterie** et Luc **chante**. Le guitariste joue trop **fort**. C'est le premier **concert** du groupe. Quelle **ambiance**! Les gens dansent et **applaudissent**!

17

1. Le groupe cherche une personne qui joue **du clavier**.
2. Autobus joue de la musique **rock**.
3. Le groupe répète **le samedi et le dimanche**.
4. Qui a écrit ce message? **le chanteur**.

18

1. falsch 2. falsch 3. richtig 4. falsch 5. falsch 6. richtig

LEÇON 2

1 je m'organise, tu te retrouves, il se passe, nous nous habillons, vous vous servez, ils s'amusent

2
1. Le matin, je **me réveille** à 6 h 45.
2. Ma sœur **se lève** à 6 h 30.
3. Elle **se douche** dans la salle de bains.
4. Et tous les matins je crie: Tu **te dépêches**?
5. Enfin, vers 7 h nous **nous mettons** à table pour prendre le petit-déjeuner.
6. Et vous? Vous **vous préparez** comme nous?

3
1. Je ne me lève pas avant 8 heures.
2. Elle ne s'habille pas dans sa chambre.
3. Tu ne te douches pas après le petit-déjeuner?
4. Nous ne nous couchons pas après le film.

4

n	o	u	s	b	u	v	o	n	s							
j	'	a	i	b	u	■	v	o	u	s	b	u	v	e	z	
i	l	s	b	o	i	v	e	n	t	■	o	n	b	o	i	t

5 **je bois – on boit – elles boivent – Buvons**

6
1. Nous nous retrouvons à 17 heures chez moi pour organiser la fête.
2. D'abord, je vais au supermarché pour acheter la bouffe.
3. Manon et Sébastien vont à Berlin pour apprendre l'allemand.
4. Carla fait des exercices pour préparer l'interro de demain.

7
1. Je me repose pour me lever tôt demain.
2. Ma mère fait de la place dans le frigo pour ranger le beurre.

8
1. Il est en train de tomber.
2. Je viens de manger.
3. Elles viennent de manger.
4. Elle est en train de préparer un gâteau.

9
1. Mes parents se sont promen**és** dans la forêt.
2. Mes frères se sont disput**és** toute la journée.
3. Ma copine s'est occup**ée** de sa petite sœur.
4. Mon copain s'est bless**é** avec son scooter. Quel anniversaire!

10 La journée s'est bien passée; Je me suis levée; Ma mère s'est occupée; mon père s'est dépêché; nous nous sommes retrouvées; ma corres s'est reposée

11

12
1. Oui, la semaine s'est bien passée.
2. Oui, j'ai bien aimé la bouffe à la fête d'adieu.
3. On mange un repas froid avec du pain, du beurre et de la charcuterie.
4. C'est pareil. Il y a aussi des profs sévères.

13

leéyc	**un lycée**	**ein Gymnasium/Lycée**
srèevé	**sévère**	**streng**
blleu	**une bulle**	**Null Punkte haben**
pmorep	**pomper**	**abschreiben**
aoriv zoér	**avoir zéro**	**Null Punkte haben**
cperoi	**copier**	**abschreiben**
aoriv csrou	**avoir cours**	**Unterricht haben**
blulntie de ntseo	**un bulletin de notes**	**ein Zeugnis**

14

chaud	**froid**
différent	pareil
se lever	**se coucher**
tard	**tôt**
la nuit	le jour

15

1. Moritz s'occupe du repas du soir. – **falsch**
2. Ce soir, la famille Lopez mange une salade et un poulet. – **richtig**
3. Pendant le repas, Antoine et Moritz parlent de l'école. – **richtig**
4. Il y a de l'eau et du jus d'orange à boire. – **falsch**
5. Les corres passent toute la semaine à Grenoble et ne vont pas à l'école. – **falsch**
6. Antoine ne peut pas participer à la fête d'adieu jeudi soir parce qu'il a une interro de maths vendredi. – **richtig**
7. Moritz doit rentrer de la fête avant dix heures. – **falsch**
8. Monsieur Lopez se fait du souci parce que Moritz a oublié l'heure. – **richtig**

16

Le père: Ce soir, on mange un repas chaud, Hanna.
Hanna: Ah, c'est différent, chez moi, on mange froid le soir.
Louise: Et qu'est-ce que vous mangez?
Hanna: On prend du pain avec du beurre et de la charcuterie.
Louise: Ah, d'accord. Alors aujourd'hui, tu vas essayer du yassa au poulet.
Hanna: Ma prof de français nous a appris qu'il y a aussi un dessert après la bouffe.
Le père: Oui, tu as raison. Il y a une mousse au chocolat ce soir. Servez-vous, les filles!

17 Salut Julie,
Cet après-midi, c'est **la fête d'adieu** au collège. Mais j'ai un petit problème. Je ne peux pas venir parce que j'ai **une heure de colle**. J'ai **pompé** hier pendant l'interro de maths et M. Laroche m'a mis une **bulle**, il est vraiment trop **sévère** … J'ai **copié** sur ma voisine, pour la première fois!
Alors, est-ce que tu peux **t'occuper** de ma corres Sara et la **retrouver** devant le collège à 16 heures? Elle doit s'amuser **quand même** …
Tu m'appelles? A plus!

18 1. Die Schüler gehen auf ein Gymnasium in Köln.; 2. Sie suchen eine französische Klasse zum Schüleraustausch.; 3. Da sie in dieser Zeit keinen Unterricht haben. Die Lehrer bereiten für die Direktorin eine Abschiedsfeier vor.; 4. Es ist eine Überraschung für ihren Klassenlehrer.; 5. Ihr Lehrer erzählt oft von seinen Aufenthalten dort.

19 1. Rhône-Alpes; 2. Grenoblois; 3. 156 659; 4. Isère; 5. 1934; 6. 3 Stunden

Etape 1 (Lektion 1–2)

1

Verb	présent	passé composé
finir	je finis nous finissons	j'ai fini
espérer	j'espère nous espérons	j'ai espéré
croire	je crois nous croyons	j'ai cru
appeler	j'appelle nous appelons	j'ai appelé
se dépêcher	je me dépêche nous nous dépêchons	je me suis dépêché(e)
boire	je bois nous buvons	j'ai bu
se lever	je me lève nous nous levons	je me suis levé(e)

2 choisir, réfléchir, applaudir …

3

1. **Moi,** je **m'organise** avec notre corres Maxime.
2. **Toi**, Florence, tu **t'occupes** de la chambre.
3. Et **vous**, André et Thibaut, vous **vous dépêchez** pour ne pas arriver en retard à la gare.
4. Et **nous**, nous **ne nous reposons pas**.
5. Maman et papa, **eux**, ils **se font du souci** pour rien.

4

1. **Moi**, je **me suis organisée** avec notre corres Maxime.
2. **Toi**, Florence, tu **t'es occupée** de la chambre.
3. Et **vous**, André et Thibaut, vous **vous êtes dépêchés** pour ne pas arriver en retard à la gare.
4. Et **nous**, nous **ne nous sommes pas reposés**.
5. Maman et papa, **eux**, ils **se sont fait du souci** pour rien.

5

1. Je joue de la musique **qui** plaît à tout le monde ;-)
2. Jean met toujours de l'ambiance dans la salle **où** nous faisons les répétitions.
3. C'est le morceau **que** nous avons choisi.
4. C'est un instrument de musique **qu'**elle aime beaucoup.

6

1. Je vais chercher le corres qui arrive aujourd'hui. ; 2. Nous allons en ville où nous allons prendre un café. ; 3. Nous mangeons un repas que ma mère a préparé.

7

la musique	**l'école**
un/une guitariste	un lycée
jouer de la musique	une bulle
une batterie	pomper
un clavier	un bulletin de notes
un chanteur	copier
un instrument	avoir cours

8

guitariste – la guitare; chanteur – chanter; lycée – un(e) lycéen(ne); répétition – répéter

9

1. Ça marche bien.; 2. Ça ne va pas, non?; 3. Je ne sais pas si …; 4. Ce n'est pas possible.; 5. Ça suffit!; 6. On va voir ça tout de suite.; 7. Pas de souci!; 8. Bonne nuit!; 9. Je m'excuse, j'ai oublié l'heure.

10

Deutsch	**Französisch**
même	**sogar**
depuis	seit
presque	fast/beinahe
dernier/dernière	letzter/letzte/letztes
possible/possible	**möglich**
peu de	wenig/wenige
autour de …	**um … herum**
si	**so**
tôt	früh
d'autres	**andere**
donc	also

11 1. Je suis en train de faire mes devoirs.; 2. Ma mère vient de jouer avec ma sœur.; 3. Dans cinq minutes, je vais aller en ville.; 4. Mon papi vient d'appeler.; 5. Maintenant, nous sommes en train de préparer la fête pour les corres.

12 Lösungsvorschlag:
1. Je me réveille à 6 heures 30. Ensuite je me lève. Je ne peux pas rester au lit toute la journeé!; 2. A 6 heures 45, je me douche dans la salle de bains et je m'habille dans ma chambre.; 3. A 7 heures, je me mets à table pour prendre le petit-déjeuner. Je me sers du pain et de la confiture.; 4. Après l'école, je dois me dépêcher pour ne pas être en retard à la gare. Je me retrouve avec mon corres à 16 heures.; 5. Le soir, nous mangeons le repas avec toute la famille.; 6. A 10 heures, nous mettons les pyjamas. On se couche et on dit «Bonne nuit!»

LEÇON 3

1

discuter – **nous discutons – je discutais**
prendre – **nous prenons – je prenais**
avoir – **nous avons – j'avais**
entendre – **nous entendons – j'entendais**

2

1. Vous **jouiez** du piano.
2. Tu **aimais** cette fille?
3. Ils **travaillaient** beaucoup.
4. Elle **écoutait** la radio.

3

1. travailler; 2. avoir; 3. prendre; 4. jouer; 5. lire.

4

1. Il **était** très fatigué hier.
2. Tu **étais** à l'école?
3. Nous **étions** toujours ensemble.
4. Elles **étaient** sympas.
5. Je n'**étais** pas là.
6. Vous **étiez** malades?

5

1. Nous mang**ions** beaucoup.
2. Je commen**çais** toujours très tôt.
3. Vous commen**ciez** souvent sans lui?
4. Tu ne mang**eais** rien.

6

1. Hier, Léa **a acheté** un nouveau pull.
2. Quand j'**étais** jeune, nous **habitions** à Caen.
3. Un jour, nous **avons rencontré** une star.

7

Marie **révait** d'être une star. Un jour,	rêvait
elle s'est présentée **aux** casting.	au
Elle a **du** jouer de la guitare.	dû
Après, elle est **allé** à une fête	allée
chez des **copain**.	copains
Elle a appellé **sa** frère. Il avait	son
le **caffard**. Marie lui a dit de venir	cafard
pour se **changé** les idées.	changer

8

Französisch	Deutsch
sentiment (m.)	Gefühl
être stressé	**gestresst sein**
être déprimé	deprimiert sein
avoir le cafard	**schlecht drauf sein**
craquer	**zusammenbrechen, ausflippen**
se sentir bien	sich wohlfühlen
être en forme	**gut in Form sein**
pleurer	weinen
avoir la pêche	**sehr gut drauf sein**

9

1. Avant le casting, Marie avait peur.
2. Elle n'était pas sûre d'elle.
3. Elle rêvait chaque nuit de devenir une star.
4. Après le casting, le jury lui a dit qu'elle avait du talent.

10

1. un studio; 2. une actrice; 3. un espoir; 4. une annonce; 5. un théâtre; 6. une offrre

11

1. Didier a pris le train pour Paris parce qu'il voulait se présenter au casting. – **richtig**
2. Après le casting, Didier était très sûr de lui. – **falsch**
3. Didier a dormi à l'auberge de jeunesse et s'est amusé avec les autres jeunes. – **richtig**
4. Didier est parti de Paris pour retourner à la maison. – **falsch**
5. Didier est resté à Paris, mais il est devenu SDF. – **richtig**
6. Il vendait le journal des SDF dans le métro. – **richtig**
7. Un jour, il a craqué. Tout le monde a réagi et l'a aidé. – **falsch**
8. Quelques semaines plus tard, Didier a commencé à présenter un spectacle dans une station de métro. – **richtig**

12 Quand j'étais plus jeune, j'habitais à Toulouse. Je rêvais de devenir actrice. Je lisais tous les jours les annonces de casting. Je voulais trouver un boulot dans un théâtre. Un jour, j'ai lu une annonce pour un casting de film. J'y suis allée. Je pensais avoir du talent. J'étais très sûre de moi et plein d'espoirs. Mais quand je suis arrivée au casting, j'ai compris que beaucoup d'autres jeunes avaient du talent et que pour devenir une star, il faut aussi un peu de chance.

13 Beaucoup de jeunes aujourd'hui **rêvent** de devenir une star. On trouve beaucoup d'**annonces** sur Internet. Mais leurs rêves peuvent **s'écrouler** après le casting. Kévin, par exemple, n'a pas eu le **rôle** de ses rêves et après sa première audition, il a eu **le cafard** pendant des semaines. Alors, il a commencé à faire **du théâtre** dans une station de métro. Il **avait** du talent et il a eu un jour de la **chance**. Un directeur de casting l'a vu et maintenant, il travaille **comme acteur** dans un grand théâtre.

14
1. Seit drei Wochen ist Anne in Paris.
2. Nein, sie hatte keinen Erfolg.
3. Die Jury hat nichts gesagt und nicht reagiert. Sie hat ein paar Tage später angerufen und abgesagt.
4. Anne kommt aus Bayeux.
5. Sie möchte nicht dorthin zurückkehren.
6. Sie arbeitet jetzt in einem Restaurant.

15 1. richtig; 2. richtig; 3. falsch; 4. falsch; 5. richtig; 6. falsch; 7. richtig

LEÇON 4

1 N'entrez pas; N'écoute pas; Ne viens pas; Ne travaillons pas; Ne discutez pas

2
1. Ne lisez pas le livre.
2. N'écoute pas la musique.
3. Ne partez pas déjà.
4. N'attendons pas trop longtemps.
5. Ne mets pas la table.

3
2. Oui, parle-lui.
3. Je me prépare?
4. Oui, appelle-nous/-moi.

4 Ne nous écoutez pas; Ne l'achetons pas; Ne les mangez pas

5
1. Elle est très sportive.
2. Elles sont souvent agressives.
3. Elle est courageuse.
4. Elles sont heureuses.

6
1. Hier, mon frère était **furieux**.
2. Marie était très **malheureuse**.
3. Léa l'a aidé. C'était **courageux**.
4. Mes sœurs sont **courageuses**.
5. Anne et Luc sont **pensifs**.
6. En cours, les filles sont **plus actives**.

7

U	C	V	R	A	X	T	E	R	E
C	O	M	E	C	H	A	N	T	C
P	U	G	S	L	D	R	A	V	P
O	R	J	P	E	N	S	I	F	A
J	A	L	O	U	X	E	F	S	T
R	G	I	R	S	B	C	L	E	I
S	E	T	T	A	C	T	I	F	E
A	U	V	I	J	E	V	J	S	N
E	X	L	F	C	L	R	U	R	T

1. actif
2. naïf
3. méchant
4. patient
5. jaloux
6. courageux
7. sportif
8. pensif

8 1. m; 2. e; 3. n; 4. t; 5. e; 6. u; 7. s; 8. e
Lösung: menteuse

9 a) la banlieue – la cité – le quartier – ~~le métier~~ b) furieux – méchant – ~~naïf~~ – agressif c) s'énerver – ~~traîner~~ – se disputer – discuter d) actif – courageux – sportif – ~~passif~~

10
1. Laïla habite dans une banlieue de Paris. – **richtig**
2. Aziz aime bien le T-shirt que Laïla vient d'acheter avec sa copine. – **falsch**
3. Au mois de juin, les élèves vont participer à un stage. – **richtig**
4. Laïla ne veut pas participer au stage. – **falsch**
5. Le prof de Laïla ne comprend pas son problème. – **falsch**
6. Les parents de Laïla comprennent tout de suite que ce stage est une chance pour elle. – **falsch**
7. Les copines de Laïla ont écrit une chanson pour elle. – **richtig**
8. Dans la chanson, elles disent que c'est elle qui fait ses choix. – **richtig**

11 Samedi, Fatou et Laïla ont fait du shopping. Elles ont acheté des nouveaux T-shirts. Quand Laïla arrive au collège lundi, elle porte un vieux pull. Elle a l'air malheureuse. Son frère, Aziz, lui a dit qu'elle ne doit pas porter des T-shirts trop courts. Fatou est furieuse et veut écrire une nouvelle chanson pour Laïla avec ses copines. Elles veulent que Laïla se réveille parce que sa vie est à elle.

12 Salut, je m'appelle Anis. J'habite dans une cité **en banlieue** avec ma famille. J'ai une sœur, Fatia. Nos parents travaillent toute la journée, alors c'est moi qui **donne des ordres** à la maison. Ma sœur **m'énerve** souvent! Elle porte toujours des T-shirts trop courts. Elle dit que je ne la comprends pas, que je suis trop **agressif** et que je **me prends pour un caïd**. Mais comment ne pas devenir **furieux** quand elle fait **n'importe quoi**? On se dispute souvent. Elle dit qu'elle en a marre. Mais c'est elle qui me **casse les pieds**.

13
1. Sie heißt eigentlich Natalia.
2. Ihre Eltern kommen aus Russland.
3. Sie hat mit 13 Jahren angefangen zu singen.
4. Sie mag keine bösen Menschen und Lügner.
5. Sie ist in einem Vorort von Paris geboren.
6. Ihre Liedtexte handeln vom Leben im Vorort.
7. Die Jugendlichen mögen ihre Texte, weil sie wahr sind.

14 1. falsch; 2. richtig; 3. richtig; 4. richtig; 5. falsch; 6. richtig; 7. falsch

Etape 2 (Lektion 3–4)

1

Zeitform	revenir
présent	je reviens
passé composé	nous sommes revenu(e)s
imparfait	ils revenaient
Zeitform	**découvrir**
présent	je découvre
passé composé	nous avons découvert
imparfait	ils découvraient
Zeitform	**réagir**
présent	je réagis
passé composé	nous avons réagi
imparfait	ils réagissaient
Zeitform	**se battre**
présent	je me bats
passé composé	nous nous sommes battu(e)s
imparfait	ils se battaient

2 J'avais des devoirs.; Tu ne voulais pas de rollers?; Il prenait toujours un café.; Elle faisait des crêpes.; On disait bonjour aux corres.; Nous commencions avec l'exercice 1.; Vous mangiez du beurre?; Ils venaient de l'école.; Elles étaient au CDI?

3 Je **travaillais** comme actrice dans un petit théâtre à Paris. Tous les jours, j'**allais** à des castings parce que je **rêvais** de devenir une grande actrice. Un jour, un copain du théâtre m'**a appelée** et m'**a dit** de me présenter à un casting pour un «vrai» film. Alors, j'**ai acheté** des nouveaux vêtements, ensuite, je **suis allée** chez le coiffeur et enfin, je me **suis présentée** au casting. J'**attendais** du matin au soir devant mon téléphone. Et enfin, j'**ai reçu** une réponse après deux semaines. Ça **a marché**!

4 1. Mets-la.; 2. Ne la mangez pas.; 3. Ecoutez-le.; 4. Ne va pas dans la cuisine.; 5. Ecris-leur une lettre.

5 1. Appelle-moi, s'il te plaît.; 2. Ecris-leur un e-mail.; 3. Non, ne fais pas les courses pour demain.; 4. Ne m'attends pas, j'arrive plus tard.

6

Gruppe der Adjektive	Adjektiv – Maskulinum	Adjektiv – Femininum
Adjektive auf *-e*	tranquille	**tranquille**
Adjektive auf *-ive*	sportif	**sportive**
Adjektive auf *-euse*	sérieux	**sérieuse**
Adjektive auf *-ante*	méchant	**méchante**
Adjektive auf *-ente*	patient	**patiente**

7 Lösungsbeispiele:
- Adjektive auf *–e*
  → intelligent/intelligente
- Adjektive auf *–euse*
  → malheureux/malheureuse; furieux/furieuse; courageux/courageuse,
- Adjektive auf *–ive*
  → agressif/agressive; pensif/pensive; actif/active; passif/passive; naïf/naïve

8 1. Tu me casses les pieds.; 2. J'en ai ras le bol./marre.; 3. Ce n'est pas une raison pour s'énerver.; 4. Je suis en forme. /J'ai la pêche.; 5. J'ai le cafard.; 6. Il s'est passé quelque chose?; 7. Laisse-moi tranquille.

9

Französisch	Deutsch
il y a	vor *(zeitlich)*
ensuite	dann/danach
sans	ohne zu
seulement	**nur**
ne … toujours pas	**immer noch nicht**
ne … même pas	nicht einmal
vers	**zu**
pendant que	**während**
parfois	manchmal
plutôt	eher

10 Mögliche Wörter:
l'espoir; avoir le cafard; se sentir (bien); pleurer; une émotion; avoir la pêche; être en forme; être déprimé; agressif; s'énerver; jaloux; malheureux; furieux

11 Lösungsvorschlag:
1. Je voulais devenir acteur dans un théâtre.; 2. Un jour, j'ai lu une annonce dans le journal. C'était pour un casting.; 3. Alors, j'ai voulu me présenter au casting.; 4. Pour ce jour, je suis allé(e) chez le coiffeur et j'ai acheté de nouveaux vêtements.; 5. Le jour du casting, je me sentais bien devant le jury parce que je savais que j'avais du talent.; 6. Et aujourd'hui, je suis acteur dans un petit théâtre, j'entre en scène cinq fois par semaine et j'ai du succès. Ça me plaît beaucoup.

LEÇON 5

1
1. Manu dit qu'il adore ce groupe.
2. Julie raconte que son père vient des États-Unis.
3. Lola explique que son copain a oublié son livre.
4. Anne répond qu'elle s'intéresse au sport.

2
1. Martin demande: «Tu viens de Paris?»
2. Franck demande: «Tu joues de la guitare?»
3. Virginie demande: «Vous aimez faire la cuisine?»

3
1. Il dit qu'elle veut devenir secrétaire.
2. Elle dit qu'il n'a pas envie.
3. Il demande si elle aime le rock.

4
1. Les filles **ne** voient **personne**.
2. Les filles **n'**ont vu **personne**.
3. Il **ne** connaît **personne** ici.
4. Le chien **n'**a mangé **personne**.

5
1. Ils **n'**aiment **pas** le sport.
2. Elle **ne** mangent **jamais**.
3. Elle **ne** connaît **personne**.
4. Je **ne** lis **jamais**.
5. Je **n'**ai entendu **personne**.

6
1. Je **sais** chanter.
2. Elle **peut** aller au cinéma.
3. Nous **savons** parler allemand.
4. Vous **pouvez** parler au prof.
5. Ils ne **peuvent** pas chanter aujourd'hui.

7
1. a; 2. e; 3. b; 4. d; 5. c

8
1. Vous en avez? 2. Il en a fait. 3. Elle en prend. 4. Je n'en ai pas.

9
1. le mécanicien; 2. le professeur des écoles; 3. l'infirmière; 4. la secrétaire; 5. le directeur; 6. l'employée de banque; 7. le cuisinier

10
1. entreprise 2. ordinateur 3. informaticien 4. programme 5. bureau 6. formation 7. technique 8. réparer Lösung: enseigner

11
- Âllo?
- Bonjour, est-ce que je peux **parler** à Mme Breton?
- Un **instant**, s'il vous plaît. Je vous la **passe**.
- Merci beaucoup.
- Ah non, elle n'est plus là. Elle peut vous **rappeler**?
- Bien sûr. Je vous donne le **numéro de ligne directe**. C'est le 02.31.88.36.74.
- Merci monsieur. Au revoir.
- Au revoir.

12 1f; 2c; 3h; 4a; 5g; 6b; 7e; 8d

13
1. Armelle et ses copains habitent à Nice. – **falsch**
2. Julie veut devenir secrétaire. – **richtig**
3. Eric veut travailler dans un bureau. – **falsch**
4. Armelle a envie d'être connue. – **richtig**
5. Elle veut faire un stage à la radio. – **richtig**
6. Guillaume n'est pas patient avec Armelle. – **falsch**
7. Armelle dit «bonjour» au lieu de «bon après-midi». – **falsch**
8. Armelle fait un gâteau au chocolat pour son dernier jour de stage. – **richtig**

14 Marie a un rêve. Elle rêve d'être connue. Elle dit qu'elle voudrait devenir animatrice à la télé. Elle croit qu'il suffit de faire des stages et d'être jolie. Mais cela ne suffit pas. Ses copains rigolent quand elle en parle. Ils lui disent qu'elle rêve. Mais Marie n'a pas envie de travailler dans un bureau. Elle sait qu'elle a du talent et qu'elle peut devenir animatrice si elle le veut vraiment. Alors, elle continue de rêver.

15 Les élèves vont aujourd'hui au **CDI** pour lire les **fiches-métier** et trouver des idées pour leur **stage**. Amélie dit que le métier **d'infirmière** l'intéresse. Pierre raconte que son père est **cuisinier** et que lui aussi voudrait travailler **en équipe**. Pierre dit qu'il aime travailler avec des enfants, qu'il est **patient** et aussi très **créatif**. Amélie demande s'il veut devenir **professeur des écoles**. Mais Pierre dit qu'il **n'en a pas envie**. L'école, ça suffit.

16
1. Que doit faire un cuisinier? Il doit être actif, propre et créatif.
2. Un cuisinier travaille aussi le soir et les week-ends.
3. Dans la cuisine, on travaille en équipe.
4. Quelle formation a un cuisinier? CAP, BEP ou BTS.

17 1. falsch; 2. richtig; 3. falsch; 4. richtig; 5. falsch; 6. falsch; 7. richtig

LEÇON 6

1 Louise est plus grande que sa sœur.; Le sac de Nathan est moins gros que le sac de Pauline.; Cédric est plus petit que son frère.; Les bagages sont aussi lourds que le sac.

2 les plus difficiles; le plus peureux; la plus jolie; le plus lourd

3 1. Le sac de Nathan est le plus lourd.; 2. Les devoirs de maths sont les plus difficiles pour Estelle.; 3. Audrey est la fille la plus jolie de la classe.; 4. Lucas est le garçon le plus peureux du groupe.

4 1. Leïla est meilleure que Marie.; 2. Karim est le meilleur du club.; 3. Marie est aussi bonne que Cédric.; 4. Leïla et Karim sont les meilleurs du club.

5
1. Ben est le plus grand de ses copains mais il est le moins sportif.;
2. Alice est moins courageuse que Manon mais Alice est la meilleure en maths.

6

n	o	u	s	c	o	n	d	u	i	s	o	n	s
j	’	a	i	c	o	n	d	u	i	t			
i	l	s	c	o	n	d	u	i	s	e	n	t	

7 Alors, on peut visiter **l’**Espagne, **le** Portugal, **l’**Angleterre, **l’**Irlande, **les** Pays-Bas, **l’**Autriche, **le** Danemark, **la** Suisse, **la** République tchèque, **la** Hongrie et **la** Pologne.

8 Alors, nous allons **en** Espagne et **au** Portugal. Après on va **en** Suisse. Et à la fin je voudrais aller **aux** Pays-Bas.

9 D’abord, nous avons rencontré Dylan qui vient **d’**Irlande. Ensuite, Jesse, un garçon **des** Pays-Bas et sa copine Mathilde **du** Danemark. Et à la gare une fille qui vient d’arriver **de** Hongrie.

10 1. Tu reviens de tes vacances en France. – Oui j’**en** reviens.; 2. Tu es allé à Paris? – Oui, j’**y** suis allé.; 3. Et, tu es passé au musée le Louvre. – Non, je n’**y** suis pas passé.; 4. Tu viens de la gare? – Non, je n’**en** viens pas, je viens **du** métro.

11 1. As-tu compris le texte?; 2. Quand vient-il?; 3. Quelle heure est-il? 4. Où allez-vous?

12 1. **Chacune** commande un coca. 2. **Chacun** achète un croissant. 3. **Chacun** prend aussi un jus d'orange.

13 Mes fringues sont **vieilles**. J'ai une **vieille** montre et des **vieux** bracelets! J'ai aussi un **vieil** ordinateur. Et tu as vu mon vélo? Il est aussi très très **vieux**.

14 Lösungsvorschläge:
1. Il fait beau et il y a du soleil. 2. Il y a des nuages et il pleut. 3. Il y a de l'orage. 4. Il pleut. Il fait mauvais. 5. Il neige. 6. Il fait froid./Il fait -5 degrés. 7. Il y a du vent.

15 une route, faire du stop, une autoroute, une essence, emmener, des bagages, voyager, un minibus, un avion, un centre de vacances

16 1. Tu veux partir en train ou en voiture?; 2. Nous devons encore prendre de l'essence.; 3. Pendant que je fais le plein, tu peux aller acheter une glace.; 4. Le bus passe à 17 heures.; 5. Ce n'est pas ma route.; 6. Aujourd'hui, ma mère gare la voiture devant le distributeur.

17

jeune	**vieux**
devant	derrière
facile	**difficile**
moche	**joli**

18
1. La troupe de théâtre est en train d'aller à Argelès pour présenter une pièce. – **falsch**
2. Sur une aire d'autoroute, ils rencontrent Luc qui vient de Suisse. – **falsch**
3. Ils emmènent Luc et son chien dans le minibus. – **richtig**
4. Après, Luc continue son voyage en train et rencontre Les Loustiks. – **richtig**
5. Les Loustiks dorment dans un camping. Le matin, Estelle prend sa douche mais quelqu'un a volé ses fringues. – **richtig**
6. Armelle lui prête un T-Shirt et un pantalon et Estelle prend le petit-déjeuner avec le groupe. – **falsch**

7. Armelle et sa copine veulent prendre le bus pour aller à Prades mais Armelle a oublié ses bottes au camping. – **richtig**
8. Elles ratent le bus. Un garçon veut les emmener mais Armelle est peureuse et ne monte pas dans la voiture. – **falsch**

19

– Salut, Nathan. Pour aller à Argelès, on y va en train?
– Mais non, Marie. C'est trop cher. Mais on peut faire du stop.
– Ah, non, ma mère ne va pas être d'accord. Elle va être furieuse si je fais du stop.
– Alors, ta mère peut nous emmener en voiture!
– Ça, c'est une bonne idée.
– Et pour lui dire merci, on va lui payer un bon café avec un bon croissant sur une aire d'autoroute.
– Et on paie l'essence, d'accord?
– D'accord.

20

Salut Aïcha,
Oui, nous sommes bien arrivés à **Argelès**. On s'est bien **installés** dans un **vieux** camping, mais il est très joli et en plus, il **fait beau** ici.
On a pris avec nous un **artiste** qui faisait **du stop**. Il a **sifflé** pendant tout le voyage :-) On **l'a emmené** jusqu'au centre-ville.
Maintenant? On va dans un **café** pour prendre un coca et un **croissant**.
A plus! Bisou.

21

a) Angekreuzt werden müssen: 1.(soleil), 3.(orage), 4. (vent)
b) 1. faux; 2. vrai, 3. faux, 4. faux.

22

1. Avignon befindet sich in Südfrankreich, in der Region Provence-Alpes-Côte d'Azur.
2. Die Avignonnais.
3. Weil die Päpste zwischen 1335 und 1430 dort residierten.
4. Im Sommer findet das „Festival d'Avignon" statt. Es gibt Theater-, Tanz- sowie Gesangsaufführungen.
5. 2 Stunden 40 Minuten.

Etape 3 (Lektion 5–6)

1
1. Claire demande sie Luc est là.
2. Zoé raconte qu'elle veut devenir professeur des écoles.
3. Françoise dit que le livre qu'elle lit est intéressant.
4. Julie répond qu'elle ne s'intéresse pas aux livres.

2
1. Tu connais **le Canada**?
2. Est-ce que vous êtes déjà allé **au Danemark**?
3. Javier vient **de Suisse**.
4. Anja et Ulf viennent **d'Allemagne**.
5. Maarten habite **aux Pays-Bas**.
6. Marie va au lycée **en France**.

3
1. Christelle ne veut pas devenir secrétaire.
2. Pierre ne connaît personne ici.
3. Luc ne mange rien.
4. Il ne mange jamais.

4
1. Sandrine est plus grande qu'Olivier.
2. Olivier est moins grand que Sandrine.
3. Olivier est aussi grand que Zoé.
4. Olivier et Zoé sont les moins grands du groupe.

5
1. Ils en achètent.
2. Ils y vont.
3. Elle en vient.
4. Il n'y va pas.
5. Ils y travaillent.
6. Elle en cherche.
7. Il en veut.
8. Elle n'en mange jamais.

6

I	C	D	F	P	O	L	O	G	N	E
S	E	N	A	O	F	S	A	M	D	A
F	S	M	I	R	L	A	N	D	E	U
S	U	H	V	T	H	O	G	L	P	T
L	I	A	C	U	O	V	L	I	F	R
E	S	P	A	G	N	E	E	N	R	I
D	S	I	N	A	G	N	T	F	A	C
N	E	P	A	L	R	C	E	U	N	H
O	F	F	D	E	I	G	R	E	C	E
A	H	U	A	O	E	S	R	D	E	C
M	L	I	T	A	L	I	E	E	N	I

Waagerecht:
la Pologne, l'Irlande, l'Espagne, la Grèce, l'Italie

Senkrecht:
la Suisse, le Canada, le Portugal, la Hongrie, l'Angleterre, la France, l'Autriche

7

1. Tu **peux** m'aider?
2. Je ne **sais** pas. Que veux-tu?
3. Je dois écrire un article et je ne **sais** pas comment.
4. Ah, non, je ne **peux** pas. Je n'ai pas assez de temps.
5. Si tu veux, je **peux** t'aider.

8

une autoroute	eine Autobahn
une formation	eine Ausbildung
une entreprise	eine Firma
un artiste	ein Künstler
un animateur	ein Fernsehmoderator
un infirmier	ein Krankenpfleger
un informaticien	ein Informatiker
un mécanicien	ein Kfz-Mechaniker

9

1. Je conduis la voiture qui est rouge.
2. Elle vient des Pays-Bas et habite au Canada.
3. L'informaticien des États-Unis est le meilleur.
4. Je m'intéresse à votre métier.

10

1. un **vieil** homme
2. une **vieille** maison
3. une **vieille** église

4. un **vieux** copain
5. des **vieilles** voitures
6. des **vieux** infirmiers
7. des **vieux** jardins
8. des **vieilles** infirmières

11 1e; 2a; 3h; 4b; 5g; 6d; 7c; 8f

12 *Javier:* Bonjour, je **m'appelle** Javier. Je viens **d'Espagne**.
Christelle: Salut. Je suis déjà **allée** en Espagne. D'où **viens-tu** exactement?
Javier: De Madrid. Et vous, vous habitez **tous** ici?
Christelle: Non, nous venons **chacun** d'un autre village. Moi, j'habite dans une **vieille** maison dans un village qui a seulement 300 **habitants**.
Sandrine: Salut Javier, tu t'es déjà **présenté**? Tu veux faire un **pique-nique** avec nous? Chacun achète **quelque chose** et on va ensuite au parc.
Javier: Oui, je veux bien! Quelle heure **est-il** maintenant?
Christelle: Il est **deux** heures. Le pique-nique est à quatre heures. Alors, à plus?
Javier, Sandrine: D'accord, à plus!

13

1. Cherche un(e) employé(e) de banque sérieux(se) qui aime le contact avec les clients. Il (elle) donne des conseils aux clients.
2. Cherche un(e) animateur(trice) à la télé. Il (elle) doit présenter des émissions. Il (elle) doit s'intéresser à l'actualité et aimer parler en public. Il faut faire des stages.
3. Cherche un(e) mécanicien(ne) qui travaille dans un garage et répare les voitures. Il (elle) doit être adroit(e).
4. Cherche un(e) cuisinier(ère) qui prépare les repas dans un restaurant ou dans une cantine. Il (elle) doit aimer la propreté et travailler en équipe.

14 Lösungsvorschag:
Nous sommes allés au festival de musique pour jouer ensemble. Nous étions en retard, nous avons donc conduit très vite. On a fait le plein et ensuite on a mangé sur une aire d'autoroute. Quand nous sommes arrivés au camping, nous avons monté les tentes. Il faisait beau. Mais Christelle a oublié ses bagages. Comme Amélie est aussi mince que Christelle, elle lui a prêté un jean et un t-shirt.
Pour les répétitions, Manu est arrivé en retard. Jacques a joué trop vite. En plus, il y avait du mauvais temps, de la pluie et beaucoup de vent. Mais finalement, le festival a été un succès.

Module 1

1

ich hatte gegessen	**j'avais mangé**
tu hattest begonnen	**tu avais commencé**
er hatte angerufen	**il avait appelé**
sie war angekommen	**elle était arrivée**
wir waren geblieben	**nous étions rést́é(e)s**
ihr hattet gehabt	**vous aviez eu**
sie waren schwimmen	**ils/elles avaient nagé**

2 Alors, ce jour là, **je m'étais préparé** pendant deux heures dans la salle de bain. Ma mère était furieuse et **elle m'avait dit** de me dépêcher. A 3 heures, nous **nous étions retrouvés** devant le cinéma. Ta grand-mère était très belle! Mais nous **n'avions pas vu** le film et nous **étions allés** dans un café. C'était déjà l'amour avec un Grand A!

3 1. Explique-les-lui.; 2. Montre-la-moi.; 3. Donne-le-leur.

4 1. Offre-la-lui; 2. Prêtez-les-leur. 3. Présente-la-leur.

5 Lösungsvorschläge: tomber amoureux; l'amour avec un grand A; amoureux(-euse); déprimer; un petit(e) ami(e); offrir des fleurs/des cadeaux; adorer/aimer qn.; pleurer; le coup de foudre; embrasser qn.; malheureux(-euse); jaloux; se marier

6

1. L'après-midi, Léo attendait le métro devant le collège avec Marco et Etienne. – **falsch**
2. Ce matin, les parents de Léo s'étaient disputés. – **richtig**
3. Il était arrivé à l'école en retard. – **richtig**
4. Il déprimait parce qu'il avait eu zéro à l'interro de physique. – **richtig**
5. Il avait vu une très belle fille aux cheveux longs. – **richtig**
6. Léo connaissait la fille. – **falsch**
7. La fille s'appelait Amandine. C'était une nouvelle élève. – **richtig**
8. Mais quelle horreur! Elle était ceinture noire et Léo n'était pas très sportif. – **richtig**

7 – Salut Antoine. Ça va?
– Salut Manon. Mouaaais, ça va... Je déprime un peu.
– Mais pourquoi? Tu es toujours amoureux de cette fille qui a une ceinture noire?
– Mouaaais, c'est ça. Et hier, elle est passée devant moi à la piscine. J'étais tellement nerveux que…
– Quoi?
– … J'étais en train de jouer au ballon. Et au lieu de lui offrir une fleur, je lui ai lancé le ballon sur la tête!
– Quelle horreur!

8 Salut Maman,
Je suis bien arrivé à Toulouse. Le camp de judo commence demain matin. Aujourd'hui, on va faire du **jogging** ou on va à la **piscine**. Et Marc a apporté son **ballon**. Au camp, il y a une fille qui est très belle. Hier, **je suis passé** devant elle. Je suis déjà un peu **amoureux** …
Pour l'instant, je ne **déprime** pas, je vais apprendre de nouvelles **prises** de judo et un jour, je vais recevoir la **ceinture noire**! Bon je te rappelle plus tard. Bisou.

9 1. Sie hat eine Verabredung mit einem Jungen/Léon.; 2. Er ist groß, hat lange Haare, ist sehr sportlich, hat den schwarzen Gürtel.; 3. Léon schlägt vor, zu joggen und Ball zu spielen.; 4. Ja, er hat ihr Blumen geschenkt und sie waren im Schwimmbad.; 5. Ja, sie sagt am Ende, dass es die große Liebe ist.

Module 2

1

1. Qui est-ce qui a lu le livre? Qui a lu le livre?
2. Qui est-ce qui travaille à Lyon? Qui travaille à Lyon?
3. Qui est-ce qui va au cinéma? Qui va au cinéma?
4. Qui est-ce qui explique les maths à son frère? Qui explique les maths à son frère?
5. Qui est-ce qui habite dans la banlieue? Qui habite dans la banlieue?

2

1. Qui est-ce qui habite à Caen?
2. Qui est-ce qui a trois fils?
3. Qui est-ce qu'a invité Luc?
4. Qui est-ce qu'a appelé Léo?
5. Qui est-ce qui est au collège Balzac?

3

1. Qui est-ce qu'ils ont appelé? Qu'est-ce qu'ils ont fait?
2. Qui est-ce qui cherche sa robe? Qu'est-ce que cherche Amélie?

4

1. Objekt; 2. Subjekt; 3. Objekt; 4. Subjekt; 5. Subjekt

5

1. **Ce qui** m'intéresse, c'est de faire du sport.
2. Je n'ai pas compris **ce que** tu as dit.
3. Il a demandé **ce que** tu voulais.
4. Je déteste **ce que** tu aimes.
5. Elle a demandé **ce qui** t'énerve.
6. Nous ne savons pas **ce que** vous voulez.

6

1. Qu'est-ce que tu veux?
2. Qui est-ce que tu cherches?
3. Qui est-ce qui a fait le gâteau?
4. Je sais ce que tu penses.
5. Ce que je déteste, ce sont les bananes.
6. Je ne comprends pas ce qui t'énerve.

7

1. Qu'est-ce qui intéresse Luc?
2. Qui est-ce qui a fait le gâteau?
3. Qui est-ce que Philippe a invité?
4. Qui est-ce que Jean rencontre?

8

1. Mes chaussettes. 2. Le sport. 3. Mes parents. 4. Les gâteaux. 5. Ne rentre pas tard. 6. C'est la musique. 7. J'aime mes copines.

Audiotexte

Lektion 1

01

1. A la première répétition, Johnny arrive à l'heure.
2. Quand Johnny arrive, il embrasse tout de suite Estelle.
3. Estelle trouve que Johnny est un vrai frimeur.
4. Roland joue de la guitare basse.
5. Les Loustiks choisissent Pablo comme leur nouveau guitariste.
6. Le premier jour de l'année, c'est la Fête de la Musique partout en France.
7. Johnny arrive en retard à la Fête de la Musique, mais il a la clé du magasin.
8. Le concert des Loustiks commence à neuf heures.

02

– Salut! C'est toi, la chanteuse?
– Oui, c'est moi. Et toi, tu es le nouveau guitariste?
– Oui. C'est ça! Désolé, je suis en retard.
– Cool … Ne panique pas! On n'a pas encore commencé.
– Très bien. Et nous finissons la répétition à quelle heure?
– Quand tous les morceaux sont prêts pour le concert de samedi. Alors j'espère que tu es un bon guitariste …
– Euh …

03

Aujourd'hui, c'est le premier jour de l'été. En France, c'est le jour de la Fête de la Musique. On voit des musiciens partout dans les rues. Christelle va jouer avec son groupe aujourd'hui, mais elle est en retard et les autres attendent déjà. Elle arrive cinq minutes avant le concert. Elle joue de la batterie et Luc chante. Le guitariste joue trop fort. C'est le premier concert du groupe. Quelle ambiance ! Les gens dansent et applaudissent!

Lektion 2

04

1. Moritz s'occupe du repas du soir.
2. Ce soir, la famille Lopez mange une salade et un poulet.
3. Pendant le repas, Antoine et Moritz parlent de l'école.
4. Il y a de l'eau et du jus d'orange à boire.
5. Les corres passent toute la semaine à Grenoble et ne vont pas à l'école.

6. Antoine ne peut pas participer à la fête d'adieu jeudi soir parce qu'il a une interro de maths vendredi.
7. Moritz doit rentrer de la fête avant dix heures.
8. Monsieur Lopez se fait du souci parce que Moritz a oublié l'heure.

05

Le père: Ce soir, on mange un repas chaud, Hanna.
Hanna: Ah, c'est différent, chez moi, on mange froid le soir.
Louise: Et qu'est-ce que vous mangez?
Hanna: On prend du pain avec du beurre et de la charcuterie.
Louise: Ah, d'accord. Alors aujourd'hui, tu vas essayer du yassa au poulet.
Hanna: Ma prof de français nous a appris qu'il y a aussi un dessert après la bouffe.
Le père: Oui, tu as raison. Il y a une mousse au chocolat ce soir.
Servez-vous, les filles!!

06

Salut Julie,
Cet après-midi, c'est la fête d'adieu au collège. Mais j'ai un petit problème. Je ne peux pas venir parce que j'ai une heure de colle. J'ai pompé hier pendant l'interro de maths et M. Laroche m'a mis une bulle, il est vraiment trop sévère … J'ai copié sur ma voisine, pour la première fois!
Alors, est-ce que tu peux t'occuper de ma corres Sara et la retrouver devant le collège à 16 heures? Elle doit s'amuser quand même …
Tu m'appelles? A plus.

Lektion 3

07

1. Didier a pris le train pour Paris parce qu'il voulait se présenter au casting.
2. Après le casting, Didier était très sûr de lui.
3. Didier a dormi à l'auberge de jeunesse et s'est amusé avec les autres jeunes.
4. Didier est parti de Paris pour retourner à la maison.
5. Didier est resté à Paris, mais il est devenu SDF.
6. Il vendait le journal des SDF dans le métro.
7. Un jour, il a craqué. Tout le monde a réagi et l'a aidé.
8. Quelques semaines plus tard, Didier a commencé à présenter un spectacle dans une station de métro.

08

Quand j'étais plus jeune, j'habitais à Toulouse. Je rêvais de devenir actrice. Je lisais tous les jours les annonces de casting. Je voulais trouver un boulot dans un théâtre. Un jour, j'ai lu une annonce pour un casting de film. J'y suis allée. Je pensais avoir du talent. J'étais très sûre de moi et plein d'espoirs. Mais quand je suis arrivée au casting, j'ai compris que beaucoup d'autres jeunes avaient du talent et que pour devenir une star, il faut aussi un peu de chance.

09

Beaucoup de jeunes aujourd'hui rêvent de devenir une star. On trouve beaucoup d'annonces sur Internet. Mais leurs rêves peuvent s'écrouler après le casting. Kévin, par exemple, n'a pas eu le rôle de ses rêves et après sa première audition, il a eu le cafard pendant des semaines. Alors, il a commencé à faire du théâtre dans une station de métro. Il avait du talent et il a eu un jour de la chance. Un directeur de casting l'a vu et maintenant, il travaille comme acteur dans un grand théâtre.

Lektion 4

10

1. Laïla habite dans une banlieue de Paris.
2. Aziz aime bien le T-shirt que Laïla vient d'acheter avec sa copine.
3. Au mois de juin, les élèves vont participer à un stage.
4. Laïla ne veut pas participer au stage.
5. Le prof de Laïla ne comprend pas son problème.
6. Les parents de Laïla comprennent tout de suite que ce stage est une chance pour elle.
7. Les copines de Laïla ont écrit une chanson pour elle.
8. Dans la chanson, elles disent que c'est elle qui fait ses choix.

11

Samedi, Fatou et Laïla ont fait du shopping. Elles ont acheté des nouveaux T-shirts. Quand Laïla arrive au collège lundi, elle porte un vieux pull. Elle a l'air malheureuse. Son frère, Aziz, lui a dit qu'elle ne doit pas porter des T-shirts trop courts. Fatou est furieuse et veut écrire une nouvelle chanson pour Laïla avec ses copines. Elles veulent que Laïla se réveille parce que sa vie est à elle.

12

Salut, je m'appelle Anis. J'habite dans une cité en banlieue avec ma famille. J'ai une sœur, Fatia. Nos parents travaillent toute la journée, alors c'est moi qui donne des ordres à la maison. Ma sœur m'énerve souvent! Elle porte toujours des T-shirts trop courts. Elle dit que je ne la comprends pas, que je suis trop agressif et que je me prends pour un caïd. Mais comment ne pas devenir furieux quand elle fait n'importe quoi? On se dispute souvent. Elle dit qu'elle en a marre. Mais c'est elle qui me casse les pieds.

Lektion 5

13

1. Armelle et ses copains habitent à Nice.
2. Julie veut devenir secrétaire.
3. Eric veut travailler dans un bureau.
4. Armelle a envie d'être connue.
5. Elle veut faire un stage à la radio.
6. Guillaume n'est pas patient avec Armelle.
7. Armelle dit « bonjour » au lieu de « bon après-midi ».
8. Armelle fait un gâteau au chocolat pour son dernier jour de stage.

14

Marie a un rêve. Elle rêve d'être connue. Elle dit qu'elle voudrait devenir animatrice à la télé. Elle croit qu'il suffit de faire des stages et d'être jolie. Mais cela ne suffit pas. Ses copains rigolent quand elle en parle. Ils lui disent qu'elle rêve. Mais Marie n'a pas envie de travailler dans un bureau. Elle sait qu'elle a du talent et qu'elle peut devenir animatrice si elle le veut vraiment. Alors, elle continue de rêver.

15

Les élèves vont aujourd'hui au CDI pour lire les fiches-métier et trouver des idées pour leur stage. Amélie dit que le métier d'infirmière l'intéresse. Pierre raconte que son père est cuisinier et que lui aussi voudrait travailler en équipe. Pierre dit qu'il aime travailler avec des enfants, qu'il est patient et aussi très créatif. Amélie demande s'il veut devenir professeur des écoles. Mais Pierre dit qu'il n'en a pas envie. L'école, ça suffit.

Lektion 6

16

1. La troupe de théâtre est en train d'aller à Argelès pour présenter une pièce.
2. Sur une aire d'autoroute, ils rencontrent Luc qui vient de Suisse.
3. Ils emmènent Luc et son chien dans le minibus.
4. Après, Luc continue son voyage en train et rencontre Les Loustiks.
5. Les Loustiks dorment dans un camping. Le matin, Estelle prend sa douche mais quelqu'un a volé ses fringues.
6. Armelle lui prête un T-Shirt et un pantalon et Estelle prend le petit-déjeuner avec le groupe.
7. Armelle et sa copine veulent prendre le bus pour aller à Prades mais Armelle a oublié ses bottes au camping.
8. Elles ratent le bus. Un garçon veut les emmener mais Armelle est peureuse et ne monte pas dans la voiture.

17

– Salut, Nathan. Pour aller à Argelès, on y va en train?
– Mais non, Marie. C'est trop cher. Mais on peut faire du stop.
– Ah, non, ma mère ne va pas être d'accord. Elle va être furieuse si je fais du stop.
– Alors, ta mère peut nous emmener en voiture!
– Ça, c'est une bonne idée.
– Et pour lui dire merci, on va lui payer un bon café avec un bon croissant sur une aire d'autoroute.
– Et on paie l'essence, d'accord?
– D'accord.

18

Salut Aïcha,
Oui, nous sommes bien arrivés à Argelès. On s'est bien installés dans un vieux camping, mais il est très joli et en plus, il fait beau ici.
On a pris avec nous un artiste qui faisait du stop. Il a sifflé pendant tout le voyage :-) On l'a emmené jusqu'au centre-ville.
Maintenant? On va dans un café pour prendre un coca et un croissant.
A plus! Bisou.

Module 1

19

1. L'après-midi, Léo attendait le métro devant le collège avec Marco et Etienne.
2. Ce matin, les parents de Léo s'étaient disputés.
3. Il était arrivé à l'école en retard.
4. Il déprimait parce qu'il avait eu zéro à l'interro de physique.
5. Il avait vu une très belle fille aux cheveux longs.
6. Léo connaissait la fille.
7. La fille s'appelait Amandine. C'était une nouvelle élève.
8. Mais quelle horreur! Elle était ceinture noire et Léo n'était pas très sportif.

20

– Salut Antoine. Ça va?
– Salut Manon. Mouaaais, ça va... Je déprime un peu.
– Mais pourquoi? Tu es toujours amoureux de cette fille qui a une ceinture noire?
– Mouaaais, c'est ça. Et hier, elle est passée devant moi à la piscine. J'étais tellement nerveux que…
– Quoi?
– … J'étais en train de jouer au ballon. Et au lieu de lui offrir une fleur, je lui ai lancé le ballon sur la tête!
– Quelle horreur!

21

Salut maman,
Je suis bien arrivé à Toulouse.
Le camp de judo commence demain matin. Aujourd'hui, on va faire du jogging ou on va à la piscine. Et Marc a apporté son ballon. Au camp, il y a une fille qui est très belle. Hier, je suis passé devant elle. Je suis déjà un peu amoureux ...
Pour l'instant, je ne déprime pas, je vais apprendre de nouvelles prises de judo et un jour, je vais recevoir la ceinture noire! Bon je te rappelle plus tard. Bisou.